Aprendi com meu *filho*

43 pais admiráveis contam as lições que receberam de seus filhos

Aprendi com meu *filho*

43 pais admiráveis contam as lições que receberam de seus filhos

Miriam Sanger
Angela Senra

Editora Saraiva

ISBN 978-85-02-61874-9

DADOS INTERNACIONAIS DE CATALOGAÇÃO NA PUBLICAÇÃO (CIP)
ANGÉLICA ILACQUA CRB-8/7057

Sanger, Miriam

Aprendi com meu filho : 43 pais admiráveis contam as lições que receberam de seus filhos / Miriam Sanger, Angela Senra. – São Paulo : Saraiva, 2014.

ISBN 978-85-02-61874-9

1. Pais e filhos 2. Mães e filhos 3. Relações humanas 4. Família I. Título II. Senra, Angela

14-0729 CDD-646.78

Índices para catálogo sistemático:
1. Vida familiar

Editora Saraiva

Rua Henrique Schaumann, 270
Pinheiros – São Paulo – SP – CEP: 05413-010
PABX (11) 3613-3000

SAC
0800-0117875
De 2ª a 6ª, das 8h30 às 19h30
www.editorasaraiva.com.br/contato

Diretora editorial Flávia Alves Bravin
Gerente editorial Rogério Eduardo Alves
Planejamento editorial Rita de Cássia S. Puoço
Editoras Debora Guterman, Gisele Folha Mós, Luiza Del Monaco, Paula Carvalho
Assistente editorial Lara Moreira Félix
Produtores editoriais Daniela Nogueira Secondo, Rosana Peroni Fazolari, William Rezende Paiva
Comunicação e produção digital Nathalia Setrini Luiz
Suporte editorial Najla Cruz Silva
Produção gráfica Liliane Cristina Gomes

Colaboração especial Luís Colombini
Preparação Luciane Gomide
Revisão Cláudia Cantarin, Lilian Queiroz
Diagramação 2 estúdio gráfico
Capa Mayara Enohata
Imagens de capa © Istockphoto (Stevecoleimages); © Shutterstock (Dubova, Elzbieta Sekowska, Gabczi, Gosphotodesign, Kuco)
Impressão e acabamento Gráfica Paym

1ª edição

381.640.001.001

Apresentação

Este foi um trabalho árduo, que levou mais de quatro anos para ser concluído e vocês entenderão os motivos. É fácil perceber que não há um personagem semelhante a outro nesta obra. Porém, saiba, leitor, de antemão, que todos compartilham de uma experiência que, apesar de universal, é exclusiva de cada um: a da paternidade/maternidade. Contracenando com suas "crias", entre ilustres desconhecidos e personalidades de áreas diversas, nossos entrevistados nos contam sobre como participam cotidianamente de uma poderosa dança a dois, em que os passos de um reverberam nos do outro, em que a queda de um precisa ser suportada pela força do outro, em que lições são ensinadas em mão dupla. E cabe a pergunta: quem mais aprende no relacionamento entre pais e filhos?

Nas páginas a seguir, cada um dos entrevistados generosamente nos conta, como em uma conversa ao pé do ouvido, o que de mais marcante aprendeu com esses pequenos – mas tão poderosos – protagonistas. Acompanharemos como os filhos ensinaram o caminho da simplicidade para Benny Novak; os de Eduardo Suplicy, o da independência; o de Bel Cesar, o da profunda devoção e espiritualidade. Como Antônio Pitanga desenvolveu com Camila e Rocco o sentido da individualidade; Bruna Lombardi, o da leveza; Claudia Matarazzo, o da coragem. Como Cissa Guimarães criou seus filhos para o mundo; Suely Pfeferman experimentou diversos milagres; Cássia Kiss Magro compreendeu melhor o valor da vida.

Veremos como Pedro mostrou a Ana Claudia Brandão que ela sabe gritar um "Não!", enquanto Alba e Luana instruíram Amelia Nascimento a bradar um comovente "Sim". Como Marco Antônio Sichi de Mello entendeu, com seus meninos, o que se espera de um pai, Soninha Francine, o que se espera de uma mãe, e Ronnie Von, o que se espera de ambos, ainda mais quando esse papel duplo é desempenhado por apenas um. Com delicadeza e emoção, essas são algumas entre as muitas histórias contadas aqui.

Você está, querido leitor, convidado a participar dessa confissão. E prepare-se para se surpreender, em uma página ou outra, ao se perceber como narrador da história: afinal, é com esses pequenos exemplos, de nossos filhos ou dos filhos dos outros, que aprendemos lições valiosas para nossa vida!

Sumário

Fábrica de bebês

Adriano Schafirowitz

A gente fez um teste de farmácia e bingo: positivo. Gisele passou pela consulta médica e pouco tempo depois fizemos o primeiro ultrassom. Eu estava com ela na sala e acompanhava o exame. O médico passeava com o aparelho pela barriga dela e começou a contar:

"Olha, um saco vitelino. Dois sacos vitelinos. Três sacos vitelinos!"

Gi, que também é médica, imediatamente começou a chorar e, em seguida, a conversar com o médico, em um diálogo cheio de termos técnicos. E eu perguntando:

"O que está acontecendo? O que são três sacos vitelinos?"

E Gisele:

"São três bebês!"

Opa. Três? Não pode ser. Na hora, a única recomendação do médico foi que não divulgássemos a notícia, porque raramente os três vingam. Gisele determinou:

"De jeito nenhum. São três, quero os três".

Ela queria os bebês e eu queria entender a reação das pessoas. Quando contávamos que eram trigêmeos, as perguntas que nos faziam eram das mais malucas. "Vocês vão doar o cachorro de vocês? Já fizeram as contas do que vão gastar com fraldas?" Depois que soubemos que eram três meninas, as questões eram outras.

"Como vai ser a puberdade de três meninas em uma mesma casa? Imagina a conta com os absorventes? E os três namorados?"

Terrorismo, terrorismo!

Depois que elas nasceram, nossa vida virou de cabeça para baixo. Antes éramos só nós dois e gostávamos de passar o fim de semana à la John Lennon. Chamávamos de "internação": sábado inteiro na cama, só levantávamos no domingo para ir ao cinema. De repente, a realidade era outra. Chegava em casa e encontrava minha esposa, três bebês, babá, empregada, sogra e mãe. E caiu a ficha: epa, aqui só tem mulher! E onde fica o meu espaço? Logo descobri: só era legitimamente meu o lado do colchão onde eu dormia. Isso quando não tinha três acompanhantes ali para tomar "um solzinho". Acabou a história de andar só de cueca dentro de casa: para ir à cozinha, tinha de me vestir inteiro. E lidar com a rotina das crianças, então? Gisele, muito organizada, resolveu fazer uma planilha. Ali anotávamos tudo: quem mamou e em qual peito, quem tomou mamadeira, quem fez xixi e cocô. Nossa casa virou uma fábrica, com horários, tabelas e controles – uma fábrica de bebês.

Quando eu ia para a cozinha preparar as mamadeiras da madrugada, batia o leite em pó no liquidificador. Um copo inteiro, afinal eram nove – três para cada bebê – que iam parar na geladeira. Já nessa época decidimos que cada uma teria uma cor para tudo, como forma de controlarmos quem fez o quê. Verde ou amarelo eram de Ana, azul ou roxo de Laura, rosa ou vermelho de Julia, e elas assumiram essas cores como parte de sua própria identidade.

Elas eram parecidas e, claro, houve algumas confusões. Só Gisele não se confundia e as reconhecia até pelo choro. Uma noite, ela me acordou e disse:

“Busque a Ana, porque ela chorou”.

Cheguei de volta ao quarto com o bebê errado. “Essa não é a Ana”, sussurrou a mãe.

Elas não são tão parecidas hoje, mas quando eram bebês... difícil reconhecer, ainda mais na penumbra da noite. Saber a posição de cada berço no quarto era um jeito de descobrir quem era quem, mas às vezes uma ia parar no da outra. Até hoje, no meio das confusões, eu não acerto de primeira.

“Julia, para com isso”, e Laura me responde:

“Sou a Laura, papai...” E eu complemento: “Eu sei, filhinha”.

Banho em casa é coletivo. Enchemos a banheira e entra todo mundo. Na hora de sair é mais complicado, pois é preciso dois adultos. Porque a gente tira uma e leva para o quarto para trocar, mas daí as outras pedem atenção. Aí você busca mais uma e a terceira berra:

“Pai, tô aqui sozinha!”

Seria bico se fossem só gêmeas...

E para ir ao shopping, então? Não dá, simplesmente não dá para dar uma paradinha improvisada. Ir ao mercado também é uma loucura e sempre dá confusão. O tempo inteiro fico fazendo contagem. Uma aqui, outra ali... epa, cadê a terceira? Às vezes elas se juntam e somem.

Na pracinha, Gisele e eu ficamos monitorando. Achar as nossas três naquele monte de cabecinhas não é fácil. Também adotamos rodízios, como para definir o lugar dentro do carro.

Normalmente a briga é para ver quem fica na janela, certo? Em casa, é para ver quem fica no meio, o lugar "diferente" do assento. Na hora de sair de casa também é uma loucura. Veste uma e, na hora de vestir a segunda, ela quer o mesmo vestido da primeira. Quando solucionamos a segunda, a terceira chora e a primeira acompanha. Aí eu abro a contagem: "No três, todo mundo quieto! Um, dois...", e antes do três tudo se normaliza. Nunca cheguei a ele e tenho medo de pensar no que terei de inventar quando chegar.

Adriano Schafirowitz é formado em Marketing, casou-se com Gisele em 1995 e trabalha com transporte para executivos. Laura, Ana e Julia chegaram em 2006, aos oito meses de gestação, resultado de uma fertilização *in vitro* 100% bem-sucedida. Os cinco moram em Porto Alegre com o cão, que permaneceu na família.

O privilégio de ser amada

Amelia Nascimento

Sempre cuidei dos outros. Só em 2007, depois de sofrer um derrame e ser submetida a uma cirurgia importante, fui obrigada a aceitar minha dependência. Demorei mais de seis meses para me recuperar completamente e, nesse período, minha filha Luana deixou muito claro que eu não precisava fazer nada, apenas deixar que ela cuidasse de mim. Foi uma lição que me abriu uma perspectiva diferente da vida: às vezes, é preciso relaxar e se entregar, simplesmente aceitando o privilégio de ser amada.

Alba, Luana e eu nos desentendíamos o tempo inteiro durante a adolescência delas. Acabamos vivendo uma situação fora do padrão, motivada por um evento que aconteceu em 1980. Eu estava viajando de ônibus na rodovia Dutra e fui despertada pela freada brusca do motorista. Naquele instante, a primeira cena que passou pela minha cabeça foi a briga que tive com elas pouco antes de embarcar. Felizmente escapei de um acidente feio do qual eu provavelmente não me salvaria, pois estava sentada em uma das primeiras filas. Naquele momento, entrei em pânico ao imaginar que, se eu tivesse morrido ali, minhas filhas se sentiriam culpadas pelo resto da vida. Esse susto me fez acordar: finalmente entendi que precisava encontrar uma nova estratégia para educá-las.

Eu acreditava ser a supermãe que vivia permanentemente irritada porque elas não estudavam nem cuidavam da casa. Pensava:

"Como posso ser uma pessoa tão incrível e, depois de fazer tudo direitinho, ter duas filhas tão bagunceiras?"

Quanta prepotência! Acho que via a insubordinação delas como reflexo do meu fracasso e levei muito tempo até perceber que eu não estava no centro da nossa relação.

Recuperada do susto, cheguei em casa e deparei com a mesma desordem de sempre. Em lugar do costumeiro escândalo, montei um banquete matinal. Servi às duas, muito ressabiadas, um café da manhã de hotel, com pães diferentes, presunto, queijos e sucos. Depois saímos às compras. Nos dias seguintes, senti alguma melhora, mas ainda não havíamos chegado aonde eu queria. Tomei, então, uma decisão polêmica. Montei para elas um apartamento no bairro de Laranjeiras, no Rio de Janeiro, cidade natal minha e da mais velha e onde viviam amigos e familiares. Elas se mudaram para lá, Alba com 16 anos e Luana com 15, e eu fiquei em São Paulo, pois à época trabalhava no jornal *O Estado de S.Paulo*.

Nós nos falávamos todos os dias e eu as visitava nos fins de semana, mas foi difícil aceitar que estava agindo certo. Ao contrário do que algumas pessoas insinuavam, não abandonara minhas filhas, apenas resolvera experimentar algo diferente. Enfrentei muitas críticas e fui tachada de louca. Eu, que sempre fui muito racional, percebi que por vezes é preciso agir com o coração e a intuição.

Conhecia minhas meninas, sabia que ficariam bem. Nunca me arrependi. Ficou claro que a bagunça em que vivíamos era um sinal de que elas precisavam de independência, tanto que a casa das duas no Rio era organizadíssima, com todas as contas pagas em dia – eu enviava a elas 40% do meu salário todo mês.

Luana e Alba estudavam, lavavam, passavam, cozinhavam. Aprenderam direitinho e hoje são muito competentes também nessa área. A experiência durou seis meses, até que ambas decidiram voltar para São Paulo. Nunca mais tivemos problemas com a arrumação da casa. No entanto, o que enfrentamos em seguida foi muito pior.

As duas pegaram uma gripe forte, da qual apenas Alba se recuperou rapidamente. Os médicos demoraram muito tempo até chegar ao diagnóstico de Luana: mielite transversa, uma doença que provoca inflamação na medula espinhal e que exigiu um tratamento de dois anos, durante os quais ela permaneceu paraplégica. Minha primeira reflexão foi: "O que eu fiz para minha filha ficar paralítica?". Ora bolas, como assim o que eu fiz? Eu não era responsável por aquilo. Foi a hora de aprender que as "filhas da Amelia" também sofrem, que não é possível protegê-las de tudo. Compreender que não era responsável por sua doença foi um grande marco desse aprendizado – o pior foi ouvir de duas pessoas que a doença era resultado do "meu abandono". Se eu acreditasse nisso, não teria forças para enfrentar aquela situação.

Adolescentes dão trabalho e precisam de espaço, mas para os pais é difícil ter a percepção de qual é o limite permitido. No caso de Alba e Luana, a forma que encontraram de me desafiar foi deixar a casa desarrumada o tempo todo. Elas estavam buscando seu lugar e não me chantageando, como acreditei por muito tempo. No fim, foram elas que me ensinaram a viver melhor, a ter mais equilíbrio e a abandonar a prepotência. Acreditava que, como minhas filhas tinham sido bem-educadas, seriam sempre felizes. Ao ver que essa não é uma verdade absoluta, mas uma aposta, caí do pedestal. Finalmente, entendi que não sou responsável pelo fracasso nem pelo sucesso delas. É difícil para uma mãe aceitar o papel de coadjuvante. Isso demorou, mas acho que consegui.

Amelia Nascimento é psicoterapeuta, mãe da também psicoterapeuta Alba Valéria do Nascimento e da consultora empresarial Luana Nascimento de Moraes.

Quem vai dizer que não?

Ana Claudia Brandão

Quando a diretoria da escola nos comunicou que Pedro não poderia ser matriculado no Ensino Médio, a notícia não fez o menor sentido para mim. Como assim? Afirmaram que não poderiam promover as adaptações que seriam necessárias para atender a ele e aos outros dois alunos da classe com Síndrome de Down, pois os professores eram profissionais técnicos e o Ensino Médio estava voltado para a excelência acadêmica.

Essas justificativas não me convenceram: se existe um mundo de fórmulas diferentes para ensinar o mesmo conteúdo, por que não buscar alternativas que atendam a todos os adolescentes da sala de aula? Ora, é responsabilidade do professor fazer adaptações e desenvolver estratégias para que todos aprendam – e essas desculpas, no meu entender, serviam apenas para camuflar a falta de boa vontade para aceitar o desafio.

Havíamos escolhido essa escola justamente porque atendia ao ciclo completo de educação, do Ensino Fundamental ao Ensino Médio, e com ela trabalhamos em uma boa parceria durante mais de dez anos. Nosso desentendimento começou quando Pedro estava no final do oitavo ano, depois que enviei um e-mail para o responsável por práticas inclusivas com perguntas a respeito do Ensino Médio. Não obtive resposta. Tempos depois, mandei-o novamente e perguntei: "Meu e-mail assustou vocês?".

Dessa vez me chamaram para uma reunião, na qual me disseram que "pessoas com deficiência intelectual não cursam o Ensino Médio nesta escola".

"Espero que essa não seja uma resposta definitiva", respondi, "porque Pedro quer continuar, a gente quer que ele continue e esta é a escola dele."

Demorou meses até nos chamarem para uma nova reunião, que foi desastrosa. Apresentaram os motivos mais absurdos para recusar a matrícula, o que era simplesmente inaceitável para nós – e que, aliás, é crime passível de prisão no Brasil, pois fere o direito de acesso das crianças à educação fundamental. Não reconheci, naquele discurso, a escola na qual meus filhos sempre estudaram.

"Ele está aqui há 12 anos e agora vocês me contam que ele não poderá ingressar no Ensino Médio? Bem, se não o querem aqui, vamos nos encontrar no Ministério Público."

Meu marido e eu não abriríamos mão dos estudos de Pedro. Conversamos com um desembargador e ele nos encaminhou para uma Promotoria de Defesa da Pessoa com Deficiência. Tentei conversar novamente com a escola, comecei a estudar as leis que envolvem o assunto e marcamos uma reunião com o promotor – ele convocou também a diretoria da escola para a conversa, mas ninguém de lá compareceu. Nessa época, mandei um e-mail para os pais de alunos da classe de Pedro e tivemos muitas respostas solidárias.

Passamos dois anos inteiros (2010 e 2011) participando de reuniões com o promotor e com a escola, que em determinado momento se propôs a aceitá-lo por mais meio ano, durante duas horas por dia.

"E o que significa um curso com essa carga horária?", perguntei.

"Esse é somente um processo de desligamento, que inclui o seu filho e os outros dois alunos com Síndrome de Down da classe dele", nos responderam.

Quando voltamos ao promotor com essa notícia, ele abriu o inquérito. Convocou a escola e fez um discurso memorável. Depois disso, a diretoria entendeu que não poderia recusar a matrícula. E desde então fomos chamados periodicamente na promotoria para contar como estava a situação. Por fim, a escola criou um "projeto especial" para esses três alunos, que ficavam em sala de aula regular por duas aulas, depois eram levados para uma classe separada para o restante do período. Fora isso, eles não frequentavam a escola às sextas-feiras. Não fiquei satisfeita, pois sabia que ele não estava aprendendo adequadamente.

Esse "projeto" foi enviado para análise de uma assessoria educacional e recebeu muitas críticas, pois está fora da orientação do Ministério da Educação (MEC) e promove a segregação dos alunos. A escola não gostou dessa avaliação e questionou sua autoria. Mais tarde tivemos uma pequena conquista: os alunos também passaram a ir à escola às sextas-feiras para ficar três aulas em sala regular e as outras duas em sala separada. Enquanto isso, o tempo passava, e nós continuávamos com a bandeira levantada – se não servisse para o meu filho, certamente seria útil para os outros alunos.

Tenho a impressão de que a escola passou por uma crise de valores nestes últimos anos. Durante os anos iniciais, manteve uma posição próxima à da educação inclusiva e, repentinamente, a partir do Ensino Médio, tornou-se uma instituição segregadora. Entendo a dificuldade de lidar com a questão desses três adolescentes, mas não aceito esse muro de impossibilidades que impuseram a eles.

Dizer simplesmente não, sem ao menos ter tentado vias alternativas, é injusto e contra a lei. É um modo antiquado de enxergar as crianças com Síndrome de Down, que sempre foram colocadas à margem da sociedade. No entanto, os tempos são outros: a expectativa de vida, antes muito curta, agora é de 60 anos – e os pais não estarão por perto durante todo esse tempo. Por isso sei que preciso preparar Pedro para que ele cresça e amadureça, e também por isso ele nunca foi superprotegido, da mesma forma que não o fizemos com nossos dois filhos menores. Há algumas atividades que ele não consegue realizar sozinho, claro. Mas sempre olhamos para tudo pensando no que ele quer e no que pode, sim, conseguir.

Se facilitarmos a vida dele diante de todos os desafios, ele vai se acomodar e não se desenvolverá. Andar de ônibus, ter Facebook, ir ao cinema com os amigos são algumas escolhas que Pedro faz sozinho – e arca com as consequências quando escolhe mal. Nós bancamos essa independência e sei que muitos pensam que somos muito ousados, enquanto outros acreditam que tratamos o assunto sem a preocupação necessária. Não concordo: sempre foi claro para mim que a deficiência não muda em nada a experiência humana. Buscamos permitir que ele viva o cotidiano de qualquer garoto da idade dele exatamente como fazemos com a irmã mais nova. Algo pode dar errado? Claro que pode. Mas não creio que exista alternativa para que ele possa crescer e se tornar um adulto com o maior nível de autonomia possível.

A formação educacional dele faz parte de todo esse contexto. Afinal, meu marido e eu cursamos faculdade e esperamos que nossos filhos também tenham acesso ao Ensino Superior. Esta é, aliás, a realidade que vivem os colegas de classe dele: terminarão o Ensino Médio, irão para um cursinho ou direto para o curso superior. É natural que ele também vislumbre essas alternativas para a própria vida. Quem vai dizer que ele não pode fazer isso? Quem determina qual o limite da deficiência intelectual? Não existe um marco estabelecido. O resultado de qualquer esforço depende de a pessoa desejar, lutar, ter perspectivas – assim, talvez ela alcance seus objetivos, talvez não. E isso ocorre independentemente de ter facilidade ou dificuldade de aprendizado.

Outro dia, Pedro me contou que sonha com três carreiras diferentes: ser piloto de Fórmula 1, cantor ou cozinheiro. Respondi que ser piloto é profissão para "barão", que o achava um tanto desafinado para se tornar cantor, mas que cozinheiro seria uma ótima alternativa, para a qual ele precisaria estudar. Não sei se ele vai conseguir passar em um vestibular, porque deixou de ser apresentado a muito conteúdo importante durante esses três anos. Porém, nunca se sabe, e ele terá de lutar para isso. Outro dia fiz um levantamento a partir dos dados de uma ONG e constatei que, desde 2010, 17 jovens com Síndrome de Down passaram no vestibular, enquanto no MEC está registrada a formatura, em nível universitário, de outros sete. E é isso: esses jovens querem estudar, trabalhar, namorar. Quem vai dizer que não?

Ana Claudia Brandão é pediatra e mãe de Pedro (nascido em 1995), Georgia (nascida em 1996) e Rafael (nascido em 2004), do casamento com o cirurgião infantil Renato Melli Carrera. Trabalha em consultório privado e no Hospital Israelita Albert Einstein, participa da ONG Grupo 25 e desde 2010 trava uma briga judicial com a Escola da Vila, em São Paulo. Muito ativa no Facebook, publica semanalmente os cardápios desenvolvidos por Pedro, futuro chef de cozinha e aluno do curso de Gastronomia do Senac.

Posso te chamar de mãe?

Ana Silvia Pires

"Posso te chamar de mãe?", perguntou-me Lucas, à época com cinco anos de idade. Ao mesmo tempo em que fiquei muito feliz, me assustei. Pouco tempo depois, no Dia das Mães, me chateei à beça quando ele e Fernando, então com dois aninhos, passaram o dia com a avó e não comigo. Fazia pouco tempo que eu havia começado a namorar Cláudio, que enviuvara seis meses antes. Desde então, os meninos e eu nos tornamos inseparáveis. O "bolo" já veio pronto e, com eles, realizei meu sonho de ser mãe e de ter uma família. Ao contrário das mulheres que geram seus filhos e vão se adaptando lentamente a esse papel, a vida os entregou a mim já grandinhos, com o desafio de ocupar um espaço que, em princípio, não me pertencia.

Aos seis meses de namoro, eu me mudei para a casa deles e só então descobri que Cláudio era alcoólatra, o que tornou o convívio muito difícil. Fui embora, mas acabei voltando por causa dos meninos, que já considerava meus. Passei a frequentar as reuniões da escola, a levá-los às festas dos amiguinhos, a registrar em fotos cada momento da vida deles. Os dois retribuíam com carinho, escrevendo bilhetinhos e me tratando como mãe. Assim fui aprendendo a educá-los e, juntos, construímos uma relação muito forte. Eles são um presente muito especial de Deus.

Passávamos todo o tempo juntos, assistindo televisão, comendo, brincando, lendo, arrumando a casa. Em 2004, entrei com um pedido judicial pela guarda de Lucas e Fernando, e a batalha foi longa e dolorosa. Cláudio havia concordado com a guarda compartilhada, mas na frente da juíza desistiu. Diante disso, mesmo sofrendo muito, resolvi ceder, pois não me parecia justo "arrancar" os filhos do pai. Para minha felicidade, uma semana depois ele levou os meninos para a minha casa e me contou que abriria mão da guarda. Internou-se para reabilitação e não voltou mais a morar com os filhos. Eles não queriam deixar de ver o pai, mas creio que precisavam de tranquilidade para crescer, algo que sabiam que eu poderia oferecer a eles. Atualmente, os três se encontram de vez em quando.

Muitas pessoas acreditam que eu os adotei por um ato de bondade. De jeito nenhum! Sou uma pessoa intransigente, não faço o gênero "boazinha". Simplesmente queria ser mãe e desejei assumi-los como meus. Hoje somos como a maioria das famílias: brigamos, pedimos desculpas, porém estamos sempre juntos, em uma convivência pacífica. Os dois são tudo para mim e me enchem de orgulho. O próximo passo é adotá-los oficialmente.

Eu sou uma pessoa durona, que não dá o braço a torcer, e são eles que me ensinam a ser mais flexível, a perdoar. Quando discuto com a minha mãe, por exemplo, Lucas e Fernando me aconselham a dar o primeiro passo para a reconciliação e a ir conversar com ela. E, se veem um filho sendo grosseiro com a mãe, ficam indignados e me dizem: "Isso é algo que nunca faríamos com você".

São meninos muito carinhosos e, quando sabem que voltarei tarde para casa, me pedem que os acorde, para que possam me dar boa-noite e dizer que me amam. É muito bom perceber que herdaram esse jeitão afetuoso da minha família. Minha relação com os familiares da mãe biológica é boa e sinto que, onde quer que a mãe deles esteja, também me aprova. Uma noite até sonhei com ela, que me dizia: "Agora eles são seus". Ela está certa.

Ana Silvia Pires é técnica de recursos humanos da Escola Politécnica da Universidade de São Paulo. É mãe de Lucas e Fernando, nascidos respectivamente em 1992 e 1995.

Desistir, jamais!

Angelina Muniz

Sou um país em guerra, como diz meu marido. Posso colocar essa culpa no meu mapa astral, pois sou ariana com ascendente em Áries e lua em Sagitário. Tudo fogo, o que há de explicar a minha impaciência. Quem me conhece sabe que comigo é assim: do jeito que a bola vem eu chuto. Aline herdou essa personalidade inquieta. Embora ela seja minha versão melhorada – é mais flexível, mais educada e conduz suas coisas melhor do que eu –, eu me enxergo nela como se estivesse olhando para o espelho. E quando ela me diz "Calma, mãe", eu devolvo com um "Calma? Você é igualzinha a mim!". E ela me responde: "Por isso mesmo te corrijo, porque assim tento corrigir a mim mesma".

O engraçado é que, quando os papéis se alternam e eu percebo que ela está saindo do sério, vou logo mandando parar. "Garota, você está parecendo sua mãe. Parou!" Acho que foi em função da convivência com ela que comecei a aprender a ter mais paciência, a entender que cada pessoa tem seu tempo e que nem todos podem ser tão objetivos como eu. A teoria já conheço bem, agora só falta colocar em prática.

Tenho um papel duplo na vida de Aline, uma vez que meu escritório cuida da carreira artística dela. É um exercício diário manter a "mãe" fora dos negócios, especialmente para ela. Na intimidade, eu a chamo de princesa, passamos horas conversando e ela vive enfiada na minha casa. Porém, quando é hora de trabalhar e ela vem com um "mas mãe..." eu logo corto. Para mim é importante que ela tenha sua independência, e a linha que separa a mãe da empresária é muito tênue. Às vezes, observando suas decisões profissionais, tenho vontade de intervir como eu faria se estivesse ali como mãe dela. Consigo me controlar e quero que chegue logo o momento em que eu possa dar opinião somente como mãe. Felizmente, a carreira de Aline está decolando e esse momento logo vai chegar. Não vejo a hora, principalmente porque adoro o papel de mãe-tiete. Quando estou na plateia assistindo a um de seus shows, eu babo, canto a música, levanto para aplaudir. Já quando estou na coxia, como produtora, dou bronca.

Ser filho de artista conhecido, no Brasil, é muito duro, porque quem está de fora tem a impressão de que o "herdeiro" já chega ao mercado com vantagens. E há uma pressão enorme. Afinal, esperam que eles se destaquem como seus pais. É uma ilusão que faz que a pessoa tenha de lutar muito para desvincular as duas imagens. Ela, e outros como Maria Rita, filha de Elis Regina, por exemplo, teve de se desconstruir para começar do zero. Ai, que engano, que preguiça... Mas Aline não recua. É dedicada, "rala" pra caramba, vai em frente e mostra seu talento. Acho que essa é uma distorção que rola sempre no Brasil, onde as pessoas tendem a valorizar apenas quem veio do nada, passou fome ou dormiu na rua. É uma tremenda injustiça.

Equívocos à parte, Aline é tudo o que eu gostaria que um filho meu fosse: não é uma babaca dessas que vemos muito por aí, mas alguém sem preconceitos, que luta pelos seus sonhos. Às vezes ela desabafa e me diz: "Puxa, mãe, está difícil demais. Quero largar tudo!". E eu digo:

"Mas é isso que você ama fazer. Vai largar?".

Não. Desistir? Jamais.

Angelina Maria Muniz Zagari, ou simplesmente Angelina Muniz, é ao mesmo tempo mãe-tiete e empresária durona da cantora Aline Muniz. A musa morena dos anos 1980 não dividiu os encargos da maternidade com babás ou empregadas. Assim, Aline circulou por anos da creche para o estúdio e do estúdio para a creche. Angelina estudou Direito como "plano B", mas seu negócio sempre foi atuar. Estreou na TV em 1979 e, desde então, já fez quase 30 novelas, foi três vezes capa da *Playboy*, atriz de cinema e dirige uma empresa de produções artísticas, cujo nome é uma alusão a si mesma: Atrevida.

Filhos de laboratório

Antônio Pitanga

Troquei fraldas, dei banhos, levei para passear, fui às reuniões da escola. Nunca contratei babá. Se eu saía para jogar bola com os amigos, eles iam comigo. Não sabia se desse jeito daria certo. Educação é como uma experiência de laboratório: imprevisível. Mas, pelo visto, funcionou.

Desde muito cedo, estabeleci uma relação de respeito para participar do universo de Rocco e Camila. Sempre acreditei que filhos são fortunas reveladas pela graça de Deus e não fardos, como alguns pais querem crer. Ao receber esses dois presentes, não só lambi minhas crias como participei ativamente de seu crescimento. É maravilhoso olhar para os dois e ver que se transformaram em pessoas de bem. E que consegui fazer isso sem dominá-los, mas confiando neles e permitindo que se desenvolvessem.

Eu me separei da mãe deles quando ainda eram pequenos. Era 1986, Camila tinha nove anos, Rocco tinha seis e minha ex-esposa abriu mão de criá-los. A saída mais rápida e fácil seria casar-me novamente e delegar a responsabilidade para outra mulher. Não o fiz. Por eles, aprendi a cozinhar, a cuidar da casa. Na época, morávamos no Leblon, um bairro que me parecia muito movimentado, e, por isso, nos mudamos para um condomínio de casas na Barra da Tijuca, um local muito sossegado e com tudo perto, inclusive o colégio. Assim, ganhei tranquilidade para viajar quando necessário e deixá-los em casa, sozinhos ou com uma empregada.

Conviver com os dois me fez aprender a compartilhar, a dividir responsabilidades e, principalmente, a vencer medos. Passei muitas horas com eles explicando o que era a morte, o que o fogo poderia causar, os cuidados que precisavam ter ao atravessar a rua. À medida que eles ganhavam segurança, eu também aprendia a confiar mais e mais neles e a fugir de um erro muito comum entre os adultos: ditar regras sem possibilidade de diálogos. Essa vivência me possibilitava continuar trabalhando sem crises e, mesmo longe, eu me mantinha presente, resolvendo a distância muitos problemas do dia a dia.

A independência era um traço muito forte nos meus filhos, especialmente na Camila, e também a ponderação. Lembro que os 15 anos dela se aproximavam e comecei a planejar uma grande festa de debutante. Mal sabia eu que, em silêncio, ela "costurava" sozinha uma viagem de férias para os Estados Unidos. Certo dia me chamou para conversar. Sentamos e ela disparou a falar, mostrando contas, passando todos os detalhes. Quanta independência! Fiquei bastante preocupado, mas autorizei. Camila sempre mereceu minha total confiança.

Com Rocco, a experiência era outra. Tenho uma lembrança muito forte de nossas brincadeiras por causa do eterno problema do banho. Como todo moleque, ele não gostava nada de chuveiro e eu tinha de usar minha imaginação. Ia muito para a Colômbia, mas, de onde eu estivesse – e durante toda a infância dos meus filhos viajei muito a trabalho –, ligava para casa no final da tarde. O telefone tinha um fio bastante longo e, assim, ele ia levando o aparelho para todo lado enquanto lhe ditava o que fazer:

"Separa a roupa. Agora liga a torneira. Entra embaixo d'água. Não esquece das orelhas, hein, menino!"

Ele entrava no jogo.

Apesar de crescerem tão independentes, tínhamos uma incrível intimidade, a ponto de eu perceber suas necessidades sem que me dissessem nada. Aos oito anos, Camila já se resguardava. Não se trocava na minha frente ou de seu irmão. Essa atitude me fez enxergar que estava na hora de fazer um quarto apenas para ela.

Também superamos muitas adversidades juntos. Até os quatro aninhos, Rocco teve dificuldade para finalizar as frases. Combinei com Camila que, por mais que tivéssemos vontade, não as terminaríamos por ele. Foi o que fizemos. E assim o ajudamos a aprender a falar... mais ela do que eu, na verdade. Claro que nem tudo eram flores e os dois brigavam. Confesso que levei alguns anos para entender que irmãos brigam e nem sempre é necessário intervir. Um detalhe engraçado: por muito tempo desconfiei que Rocco batia em Camila. Somente há poucos anos descobri que era o contrário. E quando eu dava bronca nele, Rocco ficava quieto. Era um jogo que eles resolviam entre si, longe de mim.

Acho que aprendi com eles tanto quanto eles aprenderam comigo e não exagero quando afirmo que ser pai mudou minha maneira de viver. Quando Camila nasceu, eu era jovem, capoeirista, levava uma vida descompromissada.

Com ela e Rocco, fui me transformando e me tornando cada vez mais calmo, mais tolerante. Aprendi com eles o que é compaixão, o que é solidariedade. E o verdadeiro sentido de amar o outro.

Antônio Pitanga, ator, teve dois filhos com a ex-modelo Vera Manhães, os atores Camila e Rocco Pitanga. Desde 1993, é casado com a ex-governadora do Rio de Janeiro, Benedita da Silva.

Às margens do mesmo rio

Bel Cesar

Viajávamos pelo Nepal quando meu filho, então com 12 anos de idade, me "comunicou" que não mais voltaria para o Brasil: estava decidido a se tornar monge budista e passaria a viver no Monastério de Sera Me, no sul da Índia, onde de fato ficou pelos 12 anos seguintes. Não foi um momento fácil para uma mãe que tinha vontade de ter o filho por perto por muitos anos para cuidar.

Ainda hoje me perguntam: você não morre de saudades? Não. Essa é uma palavra que não existe entre a gente porque estamos muito conectados. É como se caminhássemos cada um em uma margem de um rio que, de tão largo, não é possível enxergarmos um ao outro. Não obstante, a sensação de trilhar pelo mesmo caminho que ele, seguindo na mesma direção, me faz senti-lo próximo. Aprendi a lidar com a distância olhando não pelo ângulo da falta, mas do propósito, e essa foi uma das lições importantes que meu filho me ensinou.

Fui mãe muito nova: tinha 23 anos quando ele nasceu e 27 quando a Fernanda chegou. Filhos não estavam nos meus planos até o dia em que fui consultar meu mapa astral e meu astrólogo me disse: "Você mudará o seu status civil até o fim do ano. Deve conhecer alguém no dia 21 ou 22 de agosto". De fato, dia 22 eu conheci o Danny, pai das crianças. No mês seguinte, tive um sonho, no qual eu estava grávida em um acampamento com barracas de lona. Achei incrível e voltei ao astrólogo para contar o que estava acontecendo. Ele me perguntou se havíamos tido relações sexuais em determinado dia. Acertou de novo. "Você deve estar grávida e essa criança terá um papel muito importante no mundo", disse-me dessa vez.

Lembro que minha primeira sensação como mãe foi a de me sentir útil o tempo todo. Eu estava "aterrada" de tal forma que ficou impossível não acreditar que na vida tudo tem um propósito. E, enquanto Michel crescia, eu observava o quanto ele era curioso, investigativo, amoroso e compassivo. Comecei, então, a escrever as histórias dele, registrando os pensamentos contemplativos que ele elaborava e a poesia que enxergava na natureza. Dizia coisas como: "Mãe, por que o céu voa (referindo-se às nuvens)? Por que o sol se desmancha quando ele vai dormir? Mãe, os galhos das árvores são os braços dos ventos...".

Um dia, com três anos de idade, veio correndo até mim com a boca aberta:

"Mãe, eu engoli um bichinho, será que era um vírus?"

"Não, filho, vírus não dá para ver, de tão pequeno que ele é..."

Ele voltou a brincar e depois de uns cinco minutos comentou com tom de sabedoria:

"Você sabe o que é a doença, mãe? É o espírito no corpo."

E em seguida deu uma explicação tão complicada que não consegui entender.

Nessa época, ainda não tínhamos contato nenhum com o mundo budista. Isso só viria a acontecer no meu aniversário de 30 anos, quando o astrólogo Monsieur Charrete me apresentou a um casal de amigos: Monica Benvenutie e Claudio Bianchi. Para eles, eu era a pessoa certa para trazer um lama tibetano para o Brasil. Mostraram-me fotos do lama Gangchen Rinpoche e a ideia me pareceu viável. Um mês depois, tudo estava organizado – e, mais uma vez, minha vida deu uma guinada.

Quando nos vimos pela primeira vez, inesperadamente o lama Gangchen e eu caímos na gargalhada. Não sabia, então, explicar de onde vinha essa sensação de felicidade, mas logo compreendi: havia encontrado meu mestre. E fiquei muito surpresa quando Michel, que estava então com cinco anos, me disse que queria passar a noite na casa onde o lama estava hospedado. Ele não era de dormir na casa dos outros, nem conhecia Claudio e Monica muito bem – mas ali ele ficou. Três dias depois de nosso primeiro encontro, o lama Gangchen me chamou em seu quarto e, falando com muita naturalidade enquanto organizava alguns objetos em uma estante, me disse:

"Você vai abrir meu primeiro centro no Ocidente."

"Está certo", respondi, animada e confusa ao mesmo tempo. Sem mais, disse que eu poderia sair e que mais tarde conversaríamos de novo.

Pouco depois dessa primeira visita do lama Gangchen ao Brasil, que durou 12 dias, Michel, ao acordar, veio até mim e disse:

"Mãe, tem uma alguma coisa estranha acontecendo. Quando eu acordo de manhã, escuto sua voz dizendo: '*Vajrayana, vajrayana, vajrayana*'. O que é isso?"

Eu não conhecia a palavra, mas imaginei ser algo que o lama pudesse ter dito enquanto nos visitava. Fui buscá-la em livros, uma tarefa bem complicada, pois não havia publicações sobre o budismo tibetano em português. Consegui encontrá-la, e hoje a conhecemos bem porque se refere ao nome de um caminho espiritual particular do budismo tibetano. Fiquei muito impressionada: eu nunca havia escutado tal palavra. No entanto, intuitivamente compreendi que poderia ser um sinal da atemporal relação de meu filho com o budismo. Quem me conhece bem sabe que não sou mística nem esotérica. Eu apenas associei os acontecimentos a essa ideia porque já sabia que muitas crianças, às vezes com quatro ou cinco anos de idade, são reconhecidas como reencarnações de um lama e deixam a casa dos pais para ir viver em monastérios. Assustada, contei sobre esse evento somente para o pai dele.

No ano seguinte, em 1988, abri o Centro de Dharma da Paz ShiDe TchöTsog, em São Paulo, e o coordenei por 15 anos – depois disso, tornou-se missão do pai de Michel. O budismo tornou-se definitivamente parte da nossa vida e, dos cinco aos 12 anos do meu filho, fizemos juntos várias viagens para Índia, Nepal e Indonésia; com o pai, que também virou budista, ele foi para o Tibete. Tanto no Brasil como durante as viagens, Michel sempre mostrava o desejo de estar com os monges e os lamas. Permanecia em silêncio durante longas cerimônias. Quando retornávamos para São Paulo, ele voltava para a escola e para sua rotina.

Em uma dessas passagens pela Índia, quando Michel tinha oito anos, algo revelador aconteceu. Três anos antes, na mesma semana em que havia conhecido o lama Gangchen, sonhei com um local montanhoso, cheio de grutas – e meses depois vi uma reportagem em uma edição da revista *National Geographic* na qual as identifiquei imediatamente: as grutas de Ajanta e Ellora que apareceram no meu sonho existiam e estavam localizadas na Índia. No sonho, eu estava em um terraço de pedras com o lama Gangchen, que me dizia para olhar a vista. E lembro-me de ter dito a mim mesma enquanto sonhava:

"Não posso me esquecer de que já vi algo tão belo."

Visitá-las virou um grande desejo e fiquei feliz quando soube que, nessa viagem em grupo com o lama Gangchen, passaríamos por lá.

Primeiro estivemos em Ellora e depois em Ajanta, em cujas grutas secretas iogues se dedicavam às práticas de Buddha Shakyamuni. Foram construídas no ano 200 a.C. e habitadas até 600 d.C. Em uma delas, o lama Gangchen nos ensinou um mantra em sânscrito. Ao sairmos de lá, Michel me disse em voz baixa:

"A gente acaba aprendendo os mantras de tanto que o lama os repete, né? Mas essa foi a primeira vez que eu ouvi esse, e no entanto soube cantá-lo inteirinho."

"Puxa, filho, isso é incrível", eu disse. "A gente precisa contar para o lama!"

Nervoso, Michel me respondeu com voz firme:

"Não deixo você contar porque ele vai concluir que sou a reencarnação de um lama e vou ter de ir morar em um monastério. E eu não quero ir!"

Fiquei chocada, pois nunca havíamos conversado sobre ele ser um lama, muito menos sobre ir para um monastério. Com muita calma, expliquei que estávamos trilhando o caminho do budismo justamente para sermos livres para tomarmos nossas decisões.

Continuamos caminhando e subimos uma escada de pedras que nos levou a um terraço tal como vi em meu sonho. Emocionada com a vista à nossa frente, comentei com meu filho sobre o que havia sonhado anos antes. Nessa hora, ele sentou no meu colo e começou a chorar.

"Mãe, se você teve esse sonho e eu sou um lama, então estamos juntos há muitas vidas."

No dia seguinte, sob um fortíssimo calor, fomos visitar as grutas de Ellora. Entramos em uma delas, onde havia camas esculpidas em pedra, e ali nos deitamos, cada um em uma. Disse a ele, em tom de brincadeira:

"Então esse era o nosso quarto na vida passada?"

Michel não respondeu. Quando olhei para ele, vi que balançava a cabeça para um lado e para o outro.

"Mãe, minha cabeça vai explodir!"

Algo desconhecido estava acontecendo. Pedi para um monge ficar com ele e corri escadaria acima para buscar ajuda, até que encontrei o lama Gangchen. Ele me disse, com a voz firme e tranquilizadora:

"Fique calma, pois ele está lembrando de suas vidas passadas. Traga-o para mim."

Quando cheguei à gruta, ele estava desmaiado, e com a ajuda do monge consegui levá-lo. O lama Gangchen fez algumas rezas, borrifou-lhe água e me pediu que aguardasse, pois em breve ele despertaria. Quando acordou, Michel descreveu o que viu e sentiu.

"No começo, eu achei que minha cabeça ia estourar. Depois vi uma luz e fiquei com medo. Em seguida, vi uma gruta na forma de uma ferradura. Dentro dela havia outras minigrutas, e dentro de cada uma tinha um Buddha, um

Bodhisattva e um Mahasiddha. No topo, havia uma mandala que se refletia igualmente no chão. Na ponta da ferradura estava o Buddha mesmo, com uma forte luz que era emitida para cada Buddha, Bodhisattva e Mahasiddha. Entre eles tinham pontes, e eu estava no meio de uma delas."

Essa visão faria que, quatro anos depois, eu decidisse voltar, como parte do meu processo de aceitação de sua decisão de se tornar monge, e foi então que entendi que deveria aceitar a sua resolução.

Michel estava com 12 anos quando visitamos primeiro a estupa de Borobudur, na Indonésia. Eu havia chegado antes de todos – Michel, Daniel e Fernanda –, e com eles veio uma carta de minha mãe, pedindo que perguntasse para meu filho o que havia acontecido em meu apartamento antes de eles partirem. Percebi que havia alguma coisa diferente, mas deixei passar uns dias para observar o que estava acontecendo. Já estava divorciada do Danny havia quatro anos e não havia clima naqueles dias que proporcionasse uma conversa. Somente quando chegamos ao Nepal pedi uma reunião com a participação do lama Gangchen.

"O que aconteceu no nosso apartamento antes de vocês virem, filho?"

"Fiz uma festa de despedida, mãe, porque vou me tornar monge e viverei em Sera Me."

Sem palavras, me calei. De alguma forma, não estava surpresa. Porém, ainda assim, senti-me traída. Afinal, o Danny sabia dessa decisão e eles estavam me avisando uma semana antes da minha volta para o Brasil. Saí muito nervosa dessa conversa e fui para um hotel com a Fernanda, então com oito anos, e o Alexandre, um grande amigo que nos acompanhava. Fiquei dois dias sem procurar pelo Michel. Após trabalhar o assunto internamente, busquei-o e fomos caminhando pelo centro de Katmandu.

"Por que você não me contou antes?", perguntei.

"Eu sabia que você ficaria muito chateada e achei melhor não dizer."

"Opa, escuta aqui: até hoje eu cuidei de você e de mim mesma. Agora que você resolveu cuidar de você, acha que vai passar a cuidar de mim também?"

Ele abriu um sorriso.

"Isso quer dizer que posso te contar tudo, mãe?"

"Claro que eu quero saber de tudo. Conte a história desde o começo."

A conversa nos deixou bem de novo e depois, por sugestão do Alexandre, decidimos revisitar as grutas de Ajanta e Ellora, onde anos antes tivemos juntos aquela vivência tão forte. Chegamos ali depois de uma viagem de 20 horas de trem – e logo tive a certeza de que tudo o que estava acontecendo era de fato "real". Diferentemente de quatro anos antes, havia na entrada do lugar uma planta da área, mostrando a formação vista de cima. Ali estava a ferradura que meu filho havia descrito dentro da gruta. Escalamos, então, uma montanha central, de onde era possível ter essa visão geral. Vi as marcas das águas das monções e os vestígios de pontes, como ele havia visto a partir de seu estado alterado de consciência. Dessa vez, fui eu quem disse para ele:

"Filho, você não vai mesmo voltar para o Brasil. Entendi o recado e entrego aqui a minha responsabilidade. Faça o que acredita ser o certo."

Como mãe, tive de me convencer de que não estava fazendo uma loucura ao permiti-lo ficar. No entanto, concluí que loucura seria tirá-lo de seu destino, fingir que não existiu o dia em que testemunhei sua experiência. A minha decisão me custou muito e, ao voltar dessa viagem, tive hepatite, fiquei doente por 40 dias, passei por um longo processo para conseguir interiorizar a situação. Também fiz terapia para poder entender tudo o que havia acontecido. Eu dizia para minha terapeuta:

"Ainda tenho muito a ser mãe. Queria poder fazer as coisas normais, como levá-lo ao dentista, cuidar dele quando estiver doente. Onde colocarei toda essa energia que ainda existe mas que não pode ser utilizada?"

Ela me respondia:

"Ser mãe é estar disponível para o filho quando ele precisa. Assim você se mantém em seu papel."

Mas eu estava ali, à disposição, e ele simplesmente não precisava de mim. Naquela época, a comunicação a distância era muito mais complicada do que hoje. Tínhamos um enorme fuso horário entre nós e ele precisava se deslocar muito para conseguir me telefonar. Um dia atendi o telefone e era ele. Surpresa, o ouvi perguntar:

"Mãe, comprei um forno! O que posso preparar nele?"

"Você tem papel-alumínio? Então põe uma batata dentro de um pacotinho fechado!"

Ele então desligou, eu sorri por dentro e por fora: acabara de viver uma das minhas chances de "ser mãe" de Michel novamente.

Já pensei muito sobre a sorte que tenho em ter filhos tão companheiros e poder observar o encaminhamento deles. Sempre senti que o lama Michel me enxerga em todos os meus aspectos, e vice-versa. Separação é algo que não existe entre nós. Vivemos a vida separados e juntos, ele sempre acompanha tudo o que eu faço como psicóloga e escritora, e eu aprendo com sua experiência e seu exemplo. Ontem nos falamos pelo Skype e comentei que eu daria uma entrevista para falar sobre minha experiência como mãe. Disse para ele:

"A escritora me pediu para pensar no que eu havia aprendido com você, filho. Fiquei pensando muito nisso e entendi: com você, aprendi a ser feliz."

Isabel Villares Lenz Cesar, ou simplesmente Bel Cesar, é mãe do lama Michel Riponche (nascido em 1981) e de Fernanda (nascida em 1985), frutos do casamento com Daniel Calmanowitz. Quando fala do filho, surge nos olhos o brilho de um orgulho que ultrapassa o de mãe de um homem de bem. É autora de seis livros – entre eles *Morrer não se improvisa, O livro das emoções* e *O sutil desequilíbrio do estresse* –, pratica a psicoterapia sob a perspectiva do budismo tibetano desde 1990 e dedica-se também ao atendimento terapêutico de pacientes terminais. Desde 2004, em parceria com Peter Webb, desenvolve atividades de ecopsicologia no Sítio Vida de Clara Luz, em Itapevi, São Paulo. Faz as contas e comenta, sem nenhum traço de dor, que o filho mais velho já passou mais anos de vida longe dela do que perto – nos 12 primeiros anos de sua vida monástica, Michel permaneceu na Índia (os dois primeiros acompanhado pelo pai) e, depois, passou a viver entre a Itália, o Brasil e o Tibete. E diz: "Quem conhece o lama Michel sabe que é assim que tinha de ser. Esse é o normal para ele e, portanto, é o normal para mim também".

Simplicidade

Benny Novak

Fui aquele tipo de criança que precisava implorar a atenção dos pais e, para isso, eu acordava os meus no meio da noite com as desculpas mais loucas – minha melhor invenção, ao menos assim me pareceu na época, foi reclamar que havia um prego dentro da minha cabeça. Acho que foi por conta dessa bagagem que me tornei esse tipo de pai que leva bem a sério o papo dos filhos, e acho que essa é a única forma de entender a "viagem" particular de cada um deles.

Minha própria história me foi muito útil quando minha filha mais velha, Sofia, começou a mostrar seus medos noturnos. Claro que fez de uma forma completamente diferente da minha: como eu e a mãe dela sempre a escutamos, ela nunca precisou inventar nada. Com ela vivenciei um processo maluco, pois, ao ouvi-la contar sobre seus medos, comecei a entender de onde vinham os meus.

Também tenho histórias incríveis com Fernando, número 2 dos meus quatro filhos, um cara muito questionador. Lembro que levei dois meses para tomar coragem e conversar com ele sobre a minha separação da mãe deles, em 2012.

Lá estava eu tentando levar a conversa de forma lúdica, na esperança de fazê-lo não sentir o peso da palavra *separação* – só depois entendi que somos nós, os adultos, que enxergamos a carga dessa palavra. Tive de parar de enrolar quando ele me cortou: “Vocês vão se separar?”.

Eu, que sou muito emotivo, tive de me segurar para não chorar.

“Vamos sim”, eu disse, “mas não entenda isso como algo pesado. Eu e a mamãe não queremos mais namorar, mas somos amigos e vamos estar sempre todos juntos.”

Ele me respondeu: “Pai, você disse algo que eu nunca queria ter escutado na minha vida”.

“Entendo, filho, mas é importante sermos sinceros com vocês. Já estamos juntos há 14 anos, é bastante tempo...”

Ele me interrompeu.

“Não é bastante tempo. Olha a vovó e o vovô. Estão juntos há 50 anos. Isso é o que eu esperava de vocês.”

Ele se saiu bem, pois botou para fora tudo o que pensava. Foi muito sincero com os próprios sentimentos. Uma lição e tanto, que me fez refletir sobre o meu comportamento. Sempre fui muito político com tudo. Falei muito sim quando deveria ter dito não, não soube me impor ou mostrar meus sentimentos, e ele me ensinou um novo jeito de lidar com as situações da vida. Aprendi, nessa altura do campeonato, a dizer coisas simples como “não gostei disso”, “não é o que eu quero” ou “eu te amo”, expondo o sentimento do momento. Com Fernando, percebi que perdi tempo e que muita coisa na minha vida poderia ter sido feita de outra forma. E entendi como tudo fica mais simples quando você para de enrolar e vai direto para a simplicidade.

Benny Novak foi casado por 12 anos com Natasha e é pai de Sofia (nascida em 2002), Fernando (2005) e dos gêmeos André e Gabriel (2009). É cozinheiro por profissão, formado pela Le Cordon Bleu de Londres, sócio e chef de cozinha de três restaurantes paulistanos: o ICI Bistrô, a Tappo Trattoria e o Ici Brasserie. Foi eleito, em 2010, Restaurateur do Ano pela revista *Veja Comer e Beber* e, em 2011, pelo *Guia 4 Rodas*. Também recebeu outros prêmios gastronômicos, entre eles o do Caderno Paladar, do jornal *O Estado de S.Paulo*. É sócio de um estúdio de tatuagem e tem sete delas pelo corpo. Aos fins de semana, quando não está preparando churrasco para os filhos, sofre pelo time do coração, o São Paulo, junto com o filho Fernando. É paulistano da gema e, segundo seu tio Schmil, ariano com ascendente em escorpião – mesmo que não faça a mínima ideia do que isso signifique.

Love is the answer

Bruna Lombardi

"O amor é a solução." Essa sempre foi a resposta de Kim, todas as vezes em que tentei alertá-lo a ser mais cauteloso. Ele tem um profundo amor universal, é um cara generoso, compreensivo, que ama de verdade as pessoas. Ainda hoje não sei o que fiz para merecer um filho maravilhoso assim. Antes de engravidar, eu era egocêntrica, mas, depois do seu nascimento, parei de pensar somente em mim. Mudei o foco. Isso tem a ver com a própria maternidade, é claro, mas no meu caso vai além. Acho que é uma reação ao poder doador que Kim trouxe consigo e que é só dele.

Desde pequeno, ele me surpreende ajudando as pessoas, fazendo caridade. De fato acredita na força do amor e tem uma permanente atitude do bem em todos os momentos. Doa-se por completo. Enquanto todos nós vivemos cheios de medos e desconfianças, ele tem esse poder de se entregar ao outro.

Com essa maneira de enxergar o mundo, a cada momento o Kim me ensina coisas novas. Amar melhor, por exemplo. Isso é o que de mais importante aprendo com ele a cada dia.

Bruna Lombardi é atriz, modelo e escritora. De seu casamento com o ator Carlos Alberto Riccelli, teve Kim, nascido em 1981. Ela estreou como modelo em 1967 e como atriz dez anos depois, na novela *Sem Lenço, Sem Documento*, na Rede Globo. Conheceu Riccelli no ano seguinte, quando ambos gravavam a novela *Aritana*, na qual ele era o protagonista. A partir da década de 1990, passou a focar sua carreira no cinema.

Felicidade é a coisa mais simples

Cássia Camargo

Dois anos depois de ter minha primeira filha, Júlia, com Síndrome de Down, nascia Pedro. Claro que ao engravidar pela segunda vez tive medo de reviver todas as dificuldades, mas acreditei que poderia ser diferente. O pediatra me dizia que eu tinha o direito de experimentar uma nova história com outro filho e de, no futuro, ter netos. Não significa que uma situação invalide a outra, mas eu quis me dar essa chance. Também não desejava que Júlia fosse filha única, que crescesse superprotegida e mimada demais. Quando veio Pedrão, com um ano e nove meses de diferença de Júlia, senti que tê-la foi uma das melhores coisas que me aconteceram.

Nunca cobrei dele cuidados com Júlia e sempre deixei claro que irmão é para brincar. Porém, ele é um menino dedicado e tem por ela um amor que me emociona. Quando tinha cinco aninhos, contei-lhe que iria transferi-lo de período na escola e seus olhos se encheram de lágrimas. Pensei que fosse porque iria se afastar dos amiguinhos, até que ele me perguntou:

"Por que você vai me separar da Júlia?"

Quando expliquei que ela iria mudar também, Pedro deu um suspiro de alívio e concordou. Alguém imagina uma lição de amor maior do que essa?

Como publicitária, trabalhar com a imagem da perfeição sempre fez parte de meu cotidiano. Passei toda a gravidez de Júlia sonhando em proporcionar a ela uma história de vida monumental, com tudo o que meus pais não puderam me oferecer. Quando soube da Síndrome de Down, senti que isso atingiu em cheio minha vaidade intelectual. Não notei nada quando a trouxeram para mim pela primeira vez, no quarto da maternidade – só soube depois, e da pior forma possível, quando recebi a visita de um dos médicos do hospital. As perspectivas, segundo ele, eram as mais terríveis possíveis: ele disse que Júlia nunca andaria ou falaria.

Eu estava tão abalada que passei a me perguntar se todas as crianças com Down que eu conhecia eram exceções, uma vez que se comunicavam, caminhavam, frequentavam a escola. Logo em seguida, tivemos a notícia de que ela era portadora de uma grave cardiopatia congênita que demandaria intervenção cirúrgica. Nesse momento, a história da Síndrome de Down se esvaneceu por completo. Parei de me questionar por que ela nascera assim – no lugar, um único pensamento fixo: não quero perder minha filha.

Júlia foi operada quando tinha apenas dois meses. Dizem que bebês com essa idade não sorriem, mas tenho certeza de que ela sorriu para mim quando, devastada de tanto chorar, a entreguei para a médica. Tudo deu certo felizmente. Depois de tantos sustos, finalmente entendi que só me importava com a felicidade de minha filha da forma que pudesse ser. Parei de imaginar até onde Júlia é capaz de chegar. "Basta de objetivos no futuro. Esteja ela onde estiver, estarei ao seu lado e pronto", pensei. E foi assim que aprendi que a felicidade é muito mais simples do que eu imaginava.

Ela é, de fato, diferente das outras crianças e me dá todos os dias milhões de oportunidades de aprendizado justamente por suas limitações. No convívio com minha filha, voltei a perceber a natureza, a simplicidade da vida. Desde bem pequenininha, Júlia me chamava para ficar com ela observando a lua. Eu me deitava no chão ao seu lado e lá ficávamos olhando o céu por um tempão.

As limitações de Júlia me ensinaram a valorizar ainda mais cada realização do Pedro, pois sei como as conquistas são suadas: o primeiro passo, a acrobacia na aula de circo ou a braçada perfeita na piscina. Feitos que parecem muito comuns para pais que só têm filhos sem deficiências, mas que, para mim, são a maior conquista do mundo.

Cássia Camargo é publicitária. Tem dois filhos, do casamento com Iberê Bandeira de Mello, Júlia e Pedro, nascidos em 2000 e 2002, respectivamente. Trabalha como produtora executiva, diretora de produção de televisão, teatro e eventos. É fundadora da Associação Mais 1, que ajuda os pais a lidar com a notícia de que terão um filho com Síndrome de Down, na esperança de evitar a repetição de sua difícil experiência com o tema.

A vida como ela é

Cássia Kiss Magro

Comer um bombom ou me jogar da ponte Rio-Niterói? Antes de viver a maternidade, muitas vezes me faltava a resposta a essa pergunta – a vida era, para mim, um imenso sacrifício. Sem meus filhos, acho que não estaria mais aqui. Eles me salvaram.

Dos quatro, nenhum foi planejado, uma experiência que gostaria de ter vivido. Na verdade, se pudesse, teria uns 20 filhos só para ver como educaria o último, pois estou certa de que, a cada novo filho, me saio melhor como mãe. Esse papel me faz refletir sobre meus atos e hoje sou a pessoa mais feliz do mundo por causa não apenas deles, mas das dificuldades que eles acarretam. Filhos são um problema de verdade na vida, para sempre. Filhos não têm fim.

Fui uma mãe tardia. Embora eu tenha engravidado aos 30 anos, abortei porque meu marido na época me fez acreditar que eu não queria ser mãe. Depois disso, morei por dois anos em uma comunidade na qual o pensamento dominante era a formação da família. Só aos 38 anos tive Joaquim Maria. A última gestação aconteceu nove anos depois.

Meu maior aprendizado com eles foi o exercício da paciência – e o meu filho mais velho foi quem mais sofreu com a falta dela. Eu gritava muito quando ele era pequeno, falei coisas que nunca deveria ter dito e que o magoaram muito, tenho certeza. Com o tempo aprendi a me colocar no lugar deles, fazendo um treinamento de me reportar à minha infância. Com a lembrança do meu passado como criança sempre aflorada, hoje consigo acalmá-los sem gritos e fazer que os caçulas, Pedro Miguel e Pedro Gabriel, me obedeçam. Da histeria não nasce nenhum efeito positivo.

Os testes são constantes. Uma prova de fogo para mim foi chegar em casa, numa noite, e encontrar Maria Cândida dormindo na minha cama, sem banho tomado, com os pés imundos. Se fosse há alguns anos, eu a teria acordado aos berros. Mas não. Simplesmente a chamei baixinho, fiz que entrasse debaixo do chuveiro e ainda a obriguei a arrumar a bagunça de seu quarto. Tudo sem briga ou gritaria, mas com firmeza. Ela não se esqueceu do evento, nem repetiu a dose.

A cada dia, meus filhos me mostram quanto é importante me manter atenta ao meu estado de espírito, ao que estou fazendo e às suas reações. Por isso luto para manter o astral muito bom em casa, com um ambiente de harmonia. Um exercício diário, pois, de certa forma, eles me desequilibram o tempo todo, obrigando-me a buscar estratégias para lidar com cada situação.

Se uma semana de trabalho intenso coincide com a semana de provas na escola, encontro maneiras de me fazer presente mesmo a distância. Conversamos várias vezes ao dia pelo telefone, espalho bilhetes pela casa, nos livros, cadernos e mochilas, lembrando que precisam estudar, escovar os dentes, arrumar o material para o dia seguinte. Quando não posso ir à reunião da escola, também deixo recadinhos explicando os motivos e dizendo que da próxima vez estarei lá. Para mim, é importante que eles percebam que sei o que está se passando com cada um deles.

Acredito que o segredo para dar certo é estar presente, ouvir e abrir o coração para saber o que dizer. Meu objetivo é que, aos 18 anos, eles sejam independentes. Estou dando o melhor de mim para que possam aprender a voar com as próprias asas. Entendi que é importante respeitar cada um com seu jeito e me conscientizar de que não vou conduzir a vida deles, pois são pessoas diferentes de mim, cada qual dono das próprias vontades.

Eles também me ensinaram a enxergar quanto as briguinhas são importantes em uma família. Afinal, quando estamos sós, não discutimos nada. É o outro que tem o poder de nos incomodar, nos questionar. Outro aprendizado que veio com os anos, e a chegada de cada um foi a busca da simplicidade. Quando Joaquim nasceu, fiz um enxoval enorme, com itens que jamais usei. Na vez do caçula, Pedro Miguel, comprei na medida da necessidade, sem ansiedade.

O mais importante para mim é usufruir ao máximo cada situação, e sinto que ser mãe é estar no auge do meu aproveitamento. Meus filhos me mostraram a vida como ela é e, por conta desse aprendizado, hoje me parece inconcebível a ideia de não ser mãe. Acredito que, enquanto uma pessoa não ocupa o papel de mãe ou pai, vive no mundo da ilusão. Só com o nascimento dos filhos que a vida passa a acontecer de verdade.

A atriz Cássia Kiss Magro foi casada com José Alberto Fonseca e com ele teve dois filhos, Joaquim Maria (nascido em 1996) e Maria Cândida (nascida em 1997). Com Sérgio Brandão teve mais dois filhos: Pedro Gabriel (2003) e Pedro Miguel (2004). Casou-se com o psicanalista João Baptista Magro Filho em 2010. Fala abertamente sobre seus problemas de saúde: ao abordar sem dramas seu sofrimento e equivocado diagnóstico de bipolaridade, bem como os 13 anos em que conviveu com a bulimia, ajuda a desmistificar e esclarecer o público sobre esses temas. Cássia estreou na televisão em 1984 na novela *Livre para Voa*r e participou de dezenas de produções na telinha e no cinema, como a novela *Barriga de Aluguel* e o filme *Bicho de Sete Cabeças*, pelo qual ganhou o Troféu Passista de melhor atriz coadjuvante no Festival de Recife.

Mãe em "configuração moderna"

Chris Flores

"Relaxa, mãe. Vai dar tudo certo e em poucos dias já estou de volta", me disse Gabriel, seis aninhos e uma malinha na mão, despedindo-se para ir viajar sozinho com a avó. Eu ali, com as lágrimas rolando pelo rosto, enquanto ele, prestes a alçar seu primeiro voo solo, me avisava que cresceu. Nesse instante, vivi o maior desafio da maioria das mães: entender que o filho um dia vai caminhar com as próprias pernas. Porque não é isso que a gente quer e cortar esse cordão umbilical é nossa maior dor. Por conta do nosso egoísmo, queremos inconscientemente que nosso filho permaneça sob nossas asas porque, quando ele começa a caminhar com as próprias pernas, prenuncia que um dia vai partir. E qual mãe no mundo está preparada para a síndrome do ninho vazio? Nesse episódio entendi que, tão importante quanto ter me preparado para receber meu filho em casa, é estar pronta para o momento da sua partida.

Toda mãe precisa buscar essa disposição, isso é um dos componentes daquilo que entendo como a "maternidade moderna". Longe do modelo de nossas mães e avós, em que a mulher era a profissional do lar e cuidadora da família, agora temos também o papel de provedoras financeiras, nos levando para fora de casa e para longe das crianças. Porém, vejo essa mudança por um ângulo positivo: é muito bom a mãe não estar o tempo inteiro perto do filho, pois, ironicamente, é só assim que ela pode deixar a criança mais pronta para o mundo.

Claro que não defendo a ausência da mãe. Ela é quem dá o norte para o filho e para toda a família. No entanto, é hora de a mulher aprender a se cobrar menos, pois nessa configuração não é possível encontrar perfeição. A gente erra, e erra o tempo todo, principalmente quando está querendo acertar. Erra por amor. Erra quando diz "não" demais e "não" de menos, erra quando dá muita atenção e também quando dá pouca. É justamente nesse processo, pontuado de acertos e erros, que nos transformamos em pessoas melhores, que têm a responsabilidade de formar novos cidadãos do mundo. E esse é o maior desafio dos pais, desde que o mundo é mundo.

O nascimento de Gabriel, em 2006, não apenas transformou a jornalista Christiane Flores em mãe como fez nascer uma autora. Chris, casada com o também jornalista e fotógrafo Ricardo Correa, criou um quadro dedicado aos cuidados do bebê dentro de seu programa Hoje em Dia, da TV Record, e escreveu o livro *Um bebê em casa*.

O amor maior do mundo

Cissa Guimarães

Thomaz me ensinou a adorar o contato com a natureza, João me abriu os caminhos da literatura e Rafa mudou minha visão da música. Porém, acima de tudo, sentada nesse "trono da maternidade", os três me ensinaram o que é o amor puro, bonito, sem cobranças, incondicional. O amor maior do mundo, com o qual me sinto capaz de tudo, inclusive de superar a falta deles.

Todos vieram naturalmente, na hora em que tinham de vir. Engravidei de Thomaz muito cedo, quando tinha só 20 anos, e desde então carrego essa responsabilidade enorme. Claro que ter filho tão nova nos priva de algumas coisas. No entanto agora, aos 50, estou inteiraça e livre para viver minha vida. Posso trancar a porta de casa e me mudar para o sul da Indonésia, porque já criei meus homens. Mas entendo que tudo tem um lado bom e ruim. Perdi, sim, muitas coisas na minha juventude. Poderia ter me jogado no mundo ou estudado mais, o que não deu para fazer: precisava trabalhar e cuidar deles. Em compensação, agora estou "frila" no mundo, soltinha na marola, e não tenho de cuidar de mais ninguém.

Meu objetivo maior foi criar gente, e não filho. Sempre me preocupei com a formação do caráter deles, e nem de longe fui aquele tipo de mãe que encara a maternidade com ar patético de "Ai, que delícia ser mamãe". Eu os eduquei para o mundo e cobro muito da postura deles. E procuro até hoje – já que essa é uma função ilimitada e infinita – mostrar todos os aspectos de caráter que considero importantes. Acho que eles já sabem 99,9% e não sou prepotente: tenho claro que há coisas que não sou eu quem vai ensinar, mas sim os outros ou a vida. Com eles, só com eles, experimentei esse amor louco que temos um pelo outro, sem o qual eu não estaria viva, sem o qual eu não superaria a falta que sinto do Rafa.

Beatriz Gentil Pinheiro Guimarães, ou apenas Cissa Guimarães, é apresentadora de TV, atriz de TV e teatro e mãe do designer Thomaz e do ator João Velho, frutos do casamento com o ator Paulo César Pereio. Rafael, seu filho caçula, nasceu do casamento com o músico Raul Mascarenhas, e morreu aos 18 anos, atropelado, no Rio de Janeiro, em 2010. Cissa não escondeu as lágrimas e sua dor foi acompanhada publicamente.

Cada coisa no seu lugar

Cláudia Lira

Eu já tinha 41 anos quando Valentina nasceu e foi então que passei do papel de protagonista neurótica ao de antagonista feliz. Sempre quis ser mãe, mas até os 37 anos a maternidade não me preocupava. Quando decidimos que era a hora, eu estava certa de que seria somente uma questão de tempo. Porém, pelo contrário, foi complicado. Estive em dezenas de médicos, fiz vários tratamentos e nada. Nunca fui do tipo que se deprime, mas na época fiquei muito triste, realmente abalada. Antes de Valentina, engravidei de gêmeos e perdi o casal no sexto mês de gestação. Foi um choque. Um ano e meio depois, passei por uma nova inseminação, que não resultou em nada. Ao todo, foram seis, até Valentina chegar. Investimos o valor de um apartamento nessas fertilizações, mas valeu a pena.

A existência de Valentina me mostrou que sou mãezona, do tipo que adora trocar fraldas e brincar. Ela mudou minhas prioridades e, desde que nasceu, é quem vem em primeiro lugar. Sempre. Não deixei de trabalhar ou de sair à noite para me divertir, mas a hora do banho e de colocá-la para dormir é sagrada. Nunca vou direto de um lugar ao outro sem passar em casa para vê-la. Minhas manhãs também são de minha filha. Mesmo que eu vá me deitar às 4 horas da madrugada, 6h45, quando ouço "mami, mami, mami", me levanto para ficar com ela.

Muito sensível, Valentina sabe como me sinto e sempre reage aos meus humores. Pequenininha, descobriu um jeito de me consolar. Certo dia, com pouco mais de um aninho, percebeu que eu estava irritada e, para me consolar, abriu um enorme sorriso, começou a me beijar e murmurar uns barulhinhos, como se dissesse:

"Eu te amo e nada neste mundo pode ser tão importante assim a ponto de deixá-la nesse estado."

Com ela, cada dia aprendo a ser mais calma e paciente – e a colocar cada coisa em seu devido lugar.

Cláudia Lira é mãe de Valentina, nascida em outubro de 2006. Nascida em João Pessoa (PB), é atriz, proprietária e produtora do Centro Cultural Solar de Botafogo, no Rio de Janeiro, junto com o ex-marido, o ator Leonardo Franco. Seus principais trabalhos foram na televisão, em novelas e minisséries como *Renascer* e *Chiquinha Gonzaga*.

Medo não é nada

Claudia Matarazzo

Todo dia era a mesma coisa. Ansiosa por saber se havia conquistado algum novo centímetro em poucas horas, Valentina pedia ao pai que medisse sua altura. Era ainda muito pequena e, para facilitar a tarefa, escalava corajosamente uma cadeira e, em seguida, um móvel. E eu ali, sempre aflita, olhando a cena se repetir, tentando me controlar. Certo dia, não aguentei. Já imaginando uma queda terrível, dessas que só uma mãe é capaz de imaginar, disparei: "Filha, para! Que aflição ficar olhando você fazer isso". E minha garotinha, muito séria:

"Então não olha."

Apenas dois anos e já ensinando a mãe a ter um olhar objetivo sobre a vida. Essa é Valentina.

Eu ainda tento aprender a incrustar na minha personalidade esse pragmatismo que já nasceu com ela. A coragem também. Aos três anos de idade, ela experimentou uma tirolesinha, com a qual se lançou pelos ares diversas vezes, sem piscar. Aos cinco, estávamos nós duas praticando arvorismo e, ao final do percurso, a terrível tirolesa. Claro que me apavorei. Travei. Nessa hora, Valentina, que já estava em solo, começou a filosofar em altos brados.

"Mãe, o que é o medo? Medo não é nada, não é uma coisa. Para com isso!"

Fazer o quê? Lá fui eu. Morri de medo, mas, desde então, aprendi a me questionar sobre meus receios. Lição de quem? Valentina.

Ela também tem a fibra típica das crianças corajosas que analisam o que veem e raciocinam um passo à frente. Certa vez, visitou uma residência com sete andares, piscina e quadra de tênis. Chegou em casa inconformada com o tamanho da mansão, ocupada apenas pelos avós de uma colega. Ouvi falar dessa casa por uma semana.

"Velha (ela me chama assim, de um jeito tão engraçado que nem ligo), você acha que alguém precisa daquilo tudo? Não é possível!"

Elucubrações sociais de Valentina.

Para completar, todo dia chega da escola com uma causa a defender. Ela tem profundo senso de justiça, toma partido dos colegas e se envolve em crises alheias.

"Valentina", tentei ponderar com ela certa vez, "acha mesmo que você pode comprar as brigas de todo mundo? É preciso se preservar um pouco, não acha?".

Eu estava preocupada e queria protegê-la, uma atitude natural de mãe. Ela me ouviu atentamente e respondeu, na lata.

"Mãe, se todos pensassem como você, como seria o mundo?"

Não pude fazer outra coisa. Ouvi a dura e entendi que Valentina precisa brigar pelo que acredita. Nesse dia me lembrei de que, quando criança, sonhava em ser advogada para poder defender os oprimidos. Com o passar do tempo, fui dando um jeito de contornar os problemas, deixei de bater de frente, fiquei endurecida. Também por isso Valentina mereceu

meu justo silêncio naquela hora, pois, sem saber, estava me devolvendo o que andava um pouco esquecido dentro de mim, um olhar mais fresco e justo da vida. Essa é a minha Valentina.

A jornalista Claudia Matarazzo é mãe de Valentina, nascida em 1999, do casamento com o executivo Fernando Miele. Foi chefe do Cerimonial do Governo do Estado de São Paulo, faz palestras e treinamentos de etiqueta empresarial em todo o Brasil e é autora de dez livros sobre etiqueta e comportamento, entre eles *Etiqueta sem frescura* e *Amante elegante – Um guia de etiqueta a dois*. Nas horas vagas, quando não está "recebendo" – assunto no qual transita com excelência, seja na escrita, seja na prática – ou escrevendo, gosta de cantar e tocar piano. A música, aliás, foi sua primeira opção de carreira. Foi vencedora, em 1997, do Prêmio Sharp na categoria Revelação.

Administração do tempo

Cristiana Arcangeli

Quem imaginaria que uma menininha me ensinaria a administrar melhor meu tempo? Isabella era ainda pequena quando, inspirada em um filme que acabara de assistir, instituiu para nós o Dia da Mãe. É um dia especial em que, depois da escola dela e do meu trabalho, nos dedicamos a nós mesmas. Lanchamos, ficamos em casa pintando ou vamos jantar em um restaurante japonês. Minha filha mais velha, Bianca, junta-se a nós sempre que pode. Nossa programação depende apenas do astral do dia.

Fui mãe pela primeira vez muito jovem, aos 20 anos. O nascimento de Bianca me fez olhar para o lado, cuidar dos outros, não me preocupar somente comigo. E, graças à invenção de Isabella, aprendi a priorizar o tempo com elas.

A ideia de ter um momento só nosso é de fato genial, pois na correria do dia a dia sempre tenho pouco tempo para estar com minhas filhas. Por anos tentei impor um horário de saída do escritório, mas nunca funcionou. O Dia da Mãe repercutiu com muita força na minha vida e, quem diria, inclusive nos meus negócios. Tornou-se uma opção de vida, mudou minha maneira de trabalhar, a ponto de eu decidir vender as empresas e repensar minha vida profissional. Na criação dos meus negócios, nunca pensei muito nos resultados. Meu maior prazer sempre foi criar novos conceitos e produtos, sem necessariamente ficar com eles, mas passei a avaliar essa estratégia.

Hoje está muito claro para mim que a relação que mantenho com as minhas filhas, tranquila e de companheirismo, me fortalece para encarar a vida e – por que não? – o mundo dos negócios.

Cristiana Arcangeli, empresária, é dona da Beauty In. É mãe de Bianca (nascida em 1985) e de Isabella (nascida em 2000). Empreendedora dos setores de cosmética e moda, é formada em odontologia e fundou, em 1986, a Phytoervas.

Tal pai, tal filho

Eduardo Suplicy

Ao menos na aparência, é a concretização do pesadelo de qualquer pai: o dia em que o filho decide que vai abandonar o emprego mais seguro do mundo na empresa familiar para se tornar professor. Eu era recém-casado, tinha me formado em Administração de Empresas e trabalhava no escritório de corretores de café e algodão que pertencia ao meu pai. Em fevereiro de 1966, depois de um ano nesse emprego, lá fui eu conversar com ele.

"Pai, quero participar de um concurso para ser professor de Economia na Fundação Getúlio Vargas. Quero estudar Economia e também fazer mestrado e doutorado nessa área", eu disse.

"Você tem consciência de que não vai manter o seu padrão de vida com o salário que vai ganhar?", ele me perguntou. "Se tem, e se isso vai fazê-lo feliz, ajudo você, meu filho."

Fiz o concurso, passei, tornei-me assistente por um semestre, depois segui para a Universidade do Estado de Michigan, nos Estados Unidos, junto com Marta e Eduardinho, um bebê de cinco meses de idade na época. Esse foi apenas o começo de uma longa trajetória acadêmica que me transformou no homem que sou hoje.

Mal sabia meu pai que, naquele evento, me ensinava como eu, 20 e poucos anos depois, teria de me comportar diante das decisões de meus três meninos. Filhos devem trilhar os próprios caminhos, e tive de lembrar bastante disso especialmente para me recuperar do susto de ver Supla, meu filho mais velho, com uma tatuagem no braço e o cabelo pintado de um jeito que fugia de qualquer padrão. O menino, que aos dez anos construiu uma bateria com latas e panelas, desde o Ensino Médio tinha uma banda. Gostava mesmo era de música e começava sua carreira com *shows* agendados toda semana – mas só teve certeza disso depois de cursar um ano de Economia. "Se isso vai fazê-lo feliz, eu ajudo você", disse eu, parafraseando meu pai. Porém, foi ele, sozinho, quem superou todas as dificuldades com muita determinação e passou a viver da música, conquistando as pessoas com seu jeito carinhoso e irreverente.

A mudança repentina de rumos deve estar no gene da família, porque o André passou por um processo semelhante. Ingressou primeiro em Economia e ao final do segundo ano teve a mesma conversa comigo, explicando que gostava mais de Direito. E lá fui eu, mais uma vez:

"Se vai fazê-lo feliz, ajudo você."

Só João, o mais novo, fugiu dessa rotina, pois, terminado o Ensino Médio, estava decidido a partir para a música e quis estudar em um instituto em Los Angeles. Lá fui eu: "Se vai fazê-lo feliz, ajudo você, meu filho".

Antes de tudo isso acontecer, vivi um episódio que certamente influenciou a minha forma de lidar com eles. Nas vésperas do Natal de 1978, eu estava na redação da *Folha de S. Paulo*, jornal para o qual escrevia artigos sobre economia, quando Marta me telefonou dizendo que André, na época com dez anos de idade, tinha sido atropelado na porta de casa.

Fiquei terrivelmente abalado. Ele teve de fazer uma cirurgia e acabou perdendo um rim em virtude do forte choque na altura da cintura. Lembro-me como se fosse hoje de nossa preocupação e da torcida imensa para que sobrevivesse.

Durante alguns dias, André permaneceu na UTI e, quando saiu, apresentou uma infecção que poderia levá-lo novamente para a mesa de cirurgia. Muito preocupado, procurei por uma terapeuta alternativa que receitava medicamentos e ervas homeopáticas. Ela recomendou pedir ao médico que, antes da operação, aplicasse injeções de arnica na barriga dele e aguardasse. Incrivelmente, a infecção cedeu e não foi preciso nova cirurgia. Recuperado, ele se transformou em um esportista, com disposição e fôlego excepcionais. Brincávamos que, por não ter um dos rins, corria mais do que os outros. O horror de quase ter perdido meu filho renovou minha constatação de que só fico bem comigo mesmo se estiver dando a devida atenção ao Eduardo, ao André e ao João.

Sempre tive uma rotina intensa. Depois de viver aquele período nos Estados Unidos, uma época muito feliz, aliás, eu havia terminado o mestrado e voltamos ao Brasil para que Marta pudesse terminar a faculdade de Psicologia – ela havia interrompido os seus estudos para me acompanhar na viagem. No começo de 1970, voltamos para lá, agora com Eduardo e André. Fiz o doutorado, completei todos os exames preliminares e consegui uma bolsa para realizar pesquisas por um ano na Universidade Stanford. Isso me proporcionou uma formação sólida em Economia.

De volta ao Brasil, dediquei-me por diversos anos à vida de professor em tempo integral e redator de artigos na imprensa. Em 1977, amigos sugeriram que eu defendesse minhas ideias no Congresso. Acabei por ser eleito deputado estadual em 1978 e nunca mais saí da vida pública.

Devido à minha agenda atribulada de compromissos, faço questão de almoçar ou jantar uma vez por semana com eles. É melhor ainda quando meus netos podem estar junto. O aprendizado com eles nunca acaba e acontece em todas as fases da vida, pelo sorriso, pelo olhar, pelas observações. Cada um, nos seus respectivos trabalhos e formas de ser, chama minha atenção para um aspecto diferente de um filme, uma música ou uma dificuldade pela qual estejamos passando.

Não tenho dúvida de que as atitudes que mostramos em casa e na vida são o melhor exemplo que podemos passar aos nossos filhos. Aprendi com eles que não há satisfação igual à de conseguir lhes dar a oportunidade de realizarem suas vocações e serem felizes. É curioso dizer isso, mas me sinto feliz por simplesmente ter conseguido respeitar suas aspirações.

Eduardo Matarazzo Suplicy é pai do músico Eduardo (o Supla), do advogado André e do também músico João, filhos do casamento com a ex-prefeita de São Paulo, Marta Suplicy. É economista, professor e político. Formou-se em Administração de Empresas na Fundação Getúlio Vargas, na qual é professor titular de Economia. Também graduou-se em Economia na Universidade do Estado de Michigan, nos Estados Unidos. Foi um dos fundadores do Partido dos Trabalhadores (PT), em 1982. Entrou para a política em 1978, quando se elegeu deputado estadual pelo antigo Movimento Democrático Brasileiro (MDB). Em 1982, foi eleito deputado federal pelo PT. Candidatou-se a prefeito de São Paulo em 1984 e 1992 e a governador em 1986. Em 1988, foi eleito vereador de São Paulo e presidente da Câmara Municipal. Foi senador da República pelo Estado de São Paulo de 1991 a 2014, em todas as vezes eleito pelo PT. É autor do livro *Renda de cidadania – A saída é pela porta*, entre outros.

Maternidade *made in India*

Flávia Chwartzmann

O ano de 2009 marcou a nossa história, pois nele pudemos finalmente comemorar a remissão do câncer de colo de útero que me obrigou a passar, cinco anos antes, por uma histerectomia total. E foi nesse momento que definimos: chegara a hora de encontrar um jeito de aumentar nossa família. Já que havíamos formado uma que fugia aos padrões, iríamos buscar saídas para fazer isso acontecer, mesmo que não fossem as mais usuais. Essa proposta confirmou, na prática, o que eu já pensava há muito tempo: quando você quer ser mãe, não importam os meios para concretizar esse sonho nem a correlação sanguínea. Tem de lutar.

Marcelo e eu começamos a namorar em 2004. Logo depois disso, ele se mudou temporariamente para os Estados Unidos a fim de fazer uma residência médica. Quando ele já estava lá, fiz um exame ginecológico de rotina e descobri um tumor de colo de útero. Rapidamente foi decidido que a melhor saída era a cirurgia para retirar o útero e os ovários. Ele veio para o Brasil e acompanhou a cirurgia. Depois, passei por tratamentos de quimioterapia e radioterapia. Como consequência óbvia, não poderia ter mais filhos. Essa foi uma notícia trágica para a gente – pouco antes, fazíamos planos de formar uma família juntos.

Chamei-o para uma conversa quando ainda estava na sala de recuperação do hospital.

"Olha, Marcelo, a gente se gosta e quer ficar junto, mas eu sei quanto você deseja ser pai. Eu já tive meus filhos, e não poderei ter outros. Quero que você se sinta livre para seguir com sua vida."

Ele me respondeu de bate-pronto:

"Uma coisa não tem nada a ver com a outra. Gosto de você e vamos ficar juntos."

A partir desse momento, ele entendeu que meus filhos seriam aqueles que ele teria na vida. Meses depois, fomos morar juntos e ele adotou imediatamente o papel de pai de Maria Luísa, que estava com seis anos, e de João Pedro, com quatro. Participava das reuniões na escola, programava as viagens, atuava como um pai responsável por duas crianças. Elas o adoravam, e a relação deles foi sempre de muita confiança e amor. Então, cinco anos mais tarde, chegava a hora de revisitarmos nossos planos de aumentar a família.

A primeira opção, a mais óbvia, era a adoção. Sabíamos que haveria uma longa espera até que chegasse nossa vez na "fila": a média é de três a seis anos. Parecia para nós um prazo longo demais, mas mesmo assim preenchemos a papelada necessária. Começamos a pesquisar outras saídas até que, certa noite, navegando pela internet, deparei com uma reportagem sobre barriga de aluguel. Comentei com Marcelo, que, supereficiente como em tudo na vida, rapidamente colheu novas informações e buscou contatos. Soubemos, então, da possibilidade da *surrogate mother* – como é chamada a barriga de aluguel – na Índia. Lá existe uma lei muito clara a respeito do assunto, com uma regulamentação elogiável. Assim, as clínicas de lá foram nosso primeiro objetivo, e passamos diversas madrugadas nos comunicando com elas, em virtude do fuso horário. Estudamos as opções e decidimos por uma clínica em Nova Délhi, gerida por uma jovem médica indiana que havia se especializado em fertilização na Inglaterra. Barriga de aluguel era um assunto novo e com o qual não havíamos tido nenhum contato antes. Também não conhecíamos ninguém que houvesse passado por essa experiência. Teríamos de desbravá-la sozinhos.

Isso aconteceu em outubro de 2009 e em maio de 2010, sete meses depois, viajamos para a Índia. Ficamos bem impressionados com a clínica e com todo o processo, principalmente porque as leis protegem completamente a barriga de aluguel, com regras claras. Em primeiro lugar, está a saúde da gestante, que precisa já ter gerado no mínimo dois filhos e ter o consentimento do marido para participar do programa, e a clínica é responsável por providenciar o necessário para que ela possa vivenciar uma gravidez saudável. As mulheres que se inscrevem têm um objetivo claro: transformar a condição financeira de sua família e, com o dinheiro que recebem, adquirir uma casa e custear a educação de suas crianças. Também nos asseguramos, na embaixada brasileira em Nova Délhi, da legalidade desse processo.

A fertilização utilizaria os óvulos de uma doadora e os espermatozoides de Marcelo, que seriam implantados na *surrogate mother* indiana. Assim, a princípio, quisemos escolher uma doadora que tivesse um biotipo parecido com o meu, para que as crianças se parecessem comigo e com meus filhos, que são ruivos e têm olhos azuis. Rapidamente, percebemos que isso era uma grande bobagem, e foi uma das lições desse evento: a genética pouco importa. Aliás, essa é nossa história, afinal Marcelo não é pai biológico de Maria Luísa e de João Pedro, mas sofre como pai, vibra como pai, os defende como pai. Da mesma forma, eu não teria correlação genética com os bebês. Por fim, foram utilizados os óvulos de uma indiana e, em poucas semanas, ouvimos a grande notícia em dose dupla: a fertilização foi bem-sucedida e seríamos pais de gêmeos!

Entramos em ebulição, mas decidimos guardar a notícia entre a gente até a gravidez chegar ao quinto mês. Acompanhávamos todos os exames a distância, e confesso que me parecia tudo muito surreal. Não sabia ao certo como seria. Para mim, tomei a tarefa de "construir o ninho" para a chegada dos bebês.

Entre nós, o desejo enorme de tê-los nos manteve firmes. Não dá para descrever a ansiedade que sentimos. Fora isso, a ideia era estranha para todos e por vezes eu imaginava quanto os outros deveriam achar maluca essa nossa iniciativa. Porém, também refletia: nossa família não é igual às outras, então por que deveríamos esperar que nossas emoções pudessem ser enquadradas em algum formato?

Quando a data do parto estava próxima, Marcelo, João e eu viajamos para Nova Délhi. Era junho. Minha filha quis ficar no Brasil, com a minha irmã. Acreditávamos que ficaríamos muito tempo por lá, pois a chance de serem prematuros era grande. Para nossa surpresa, eles nasceram muito bem, na 38ª semana. Não participamos do parto, mas ficamos aguardando do lado de fora do berçário. Vimos quando os dois foram trazidos – e então soubemos que era um casal –, tão pequeninos... Eles felizmente estavam superbem e poderíamos visitá-los na manhã seguinte. Quase não dormimos naquela noite. E quando os tomamos nos braços pela primeira vez nos sentíamos como em um filme. Magicamente a conexão estava feita. Finalmente acordávamos do sonho de sermos pais.

Já no dia seguinte pudemos levá-los conosco para o hotel e duas semanas depois voltamos com eles ao Brasil. Juliana é muito parecida com Marcelo, enquanto Alexandre tem um biotipo mais "indiano", com olhos e cabelos muito escuros. Muitas vezes, quando estou com os dois passeando, as pessoas se aproximam e, como não se parecem em nada comigo, conto nossa história. Não há quem não se emocione. Também tivemos o apoio incondicional de nossos familiares e de nossos amigos, que sempre torceram para que essa história tivesse o final feliz que teve. A construção da nossa família não foi um conto de fadas. Foi uma história difícil – acompanhar a gravidez de tamanha distância, depois ir para a Índia e tomá-los nos braços recém-nascidos, tudo nos causou muita ansiedade. Mas estávamos decididos a vivê-la e permitir que ela acontecesse dessa forma.

Já decidimos que, quando Juliana e Alexandre crescerem, contaremos para eles tudo o que fizemos para poder tê-los. João Pedro e Maria Luísa já decidiram que querem levar os irmãos para conhecer o país onde nasceram, pois essa é a história deles. E gosto de contá-la porque espero que ela possa ajudar outras pessoas a abrir a cabeça e, como nós, ir atrás de seus sonhos, sem medos, sem preconceitos. Afinal, a ligação genética, dentro dessa grande história de amor, é o menos importante. Essa é a real maternidade, aquela que você deseja e luta para viver, com a incrível recompensa de ter a seu lado uma criança na qual você pode investir sua atenção e, principalmente, o seu amor.

Flávia Chwartzmann é psicóloga e mãe de Maria Luísa (nascida em 1997), João Pedro (nascido em 1999), filhos de seu primeiro casamento, e do casal de gêmeos Juliana e Alexandre, nascidos com a ajuda de uma barriga de aluguel em junho de 2011, em Nova Délhi, na Índia. O marido, Marcelo Aisen, é médico oncologista.

Cada coisa em seu lugar

Gabriela Duarte

Manuela, pequena, sentada no banco de trás, eu na direção e, do lado de fora, o trânsito louco do Rio de Janeiro. Aí levo uma "fechada" daquelas e quase bato o carro. Em segundos, vi a mim mesma com a cara para fora, xingando e berrando como louca. Mas deu tempo de olhar para trás, vê-la ali e refletir: não podia fazer isso. Sou impulsiva por natureza, mas felizmente consegui me conter.

Em uma fração de segundo, enxerguei com clareza tudo o que aquele ato poderia significar. Não que eu tenha a pretensão de que Manuela ou Frederico me achem perfeita; ao contrário, espero que logo eles percebam que sou um ser humano normal, que sente raiva e às vezes se excede. Mas, naquela situação, naquele dia, ela veria apenas minha reação tresloucada, sem enxergar o contexto. Percebi que não quero parecer uma doida para meus filhos. Quero, sim, ser um exemplo.

Meu maior aprendizado como mãe é resultado da exigência permanente de organização e autocontrole. Examino a mim mesma o tempo todo e me pego constantemente atenta às minhas atitudes e palavras. Afinal, as pessoas mais importantes da minha vida estão ao meu lado, observando todos os meus movimentos. Sei que muitas vezes eles não terão em mim os melhores exemplos da vida. Mesmo assim, se eu conseguir me tornar um ser humano melhor e ser o que sempre sonhei – uma pessoa equilibrada, nem tão agressiva nem tão passiva –, creio que terei encontrado o meu equilíbrio para oferecer a eles a educação que quero dar.

Quando engravidei de Manuela, não fazia a menor ideia do que era ser mãe. Na gestação, ela estava ali, superprotegida dentro da barriga. Quando nasceu, me vi com uma criança de 2,5 quilos e 47 centímetros nos braços, e mais ainda: era eu quem tinha de cuidar dela. Bateu um incrível medo da responsabilidade, de tê-la ali, sujeita ao frio, ao calor, aos vírus, às bactérias, à violência. Demorei seis meses para me adaptar à nova realidade, relaxar e finalmente acreditar que eu daria conta do recado.

No início me espantei com minha capacidade de me doar totalmente. Até completar oito meses, Manuela era prioridade única na minha vida e eu não fazia nada que não fosse por ela ou para ela. Nos primeiros quatro meses, fiquei entocada dentro de casa, não conseguia sair – tinha medo de que ela precisasse de mim e eu demorasse a chegar. Nunca me imaginei capaz de uma doação nesse nível e de forma tão espontânea. Curiosamente, só me dei conta disso depois que passou, pois, na época, me parecia a alternativa natural, mais instintiva.

Quando decidi voltar a trabalhar, me questionei muito. Não seria cedo demais? Senti muita falta de passar mais tempo com ela na fase em que ela aprendeu a engatinhar, andar, falar. Foi difícil, mas amadureci muito e isso está evidente na maneira como hoje encaro a vida. As coisas se encaixaram no devido lugar. Sofro menos, nada tem peso tão importante, nem o trabalho.

Se eles serão felizes aos 20 anos, não posso prever. Mas penso muito em como estarão quando chegarem lá. Creio que os pais têm de se preocupar em formar adultos legais. Assim, creio que meu dever estará cumprido se perceber que meus filhos se transformaram em pessoas bacanas. Esta será minha grande realização: ajudar a formar gente de bom caráter, que cultive bons valores. Tenho fé de que tudo sempre ficará bem, pois acredito que, criando uma redoma de energia boa em volta da minha família, atrairei o bem para perto de nós.

Gabriela Duarte, atriz, tem dois filhos do casamento com o fotógrafo Jairo Goldflus: Manuela (nascida em 2006) e Frederico (nascido em 2011). Em diferentes trabalhos dividiu a cena com a mãe, Regina Duarte.

Chuchus e laranjas

Irene Ravache

Nas reuniões dos Narcóticos Anônimos, são apresentados aos dependentes e seus acompanhantes 12 passos, um caminho traçado para quem busca libertar-se de seu vício. O primeiro me derrubou do palco da minha vida: era preciso admitir-se impotente diante do problema. Como assim? Eu, em meu papel de supermãe, segura de que era forte o suficiente para resgatar meu filho da cocaína, admitir que era impotente? Eu, a metida, a presunçosa, a capaz de qualquer coisa? Ora, eu podia tudo, imaginava enquanto flutuava em minha fantasia infantil. Tive de vivenciar a dependência química de Hiram, meu filho mais velho, para compreender que sou humana, limitada e que não tinha competência para ajudá-lo a vencer aquela crise.

Hiram se envolveu com drogas aos 18 anos. Juliano, mais novo, também teve sua experiência, mas ao contrário do irmão comprou "passagem de turista". Durante os 12 anos em que Hiram ficou preso ao vício, tive de me reinventar inteira. Reaprendi a viver. Eles nunca haviam me dado nenhum trabalho antes, e eu, na minha ingênua pretensão, acreditava que nada de mal lhes aconteceria, uma vez que tinham a sorte de ter a mim como mãe. Enxergava-os como apêndices dessa mãe perfeita, maravilhosa, que sabia tudo, podia tudo. Simplesmente o máximo.

Quando ficou claro o que estava acontecendo, eu me sentia, mais do que apenas magoada, traída. Minha geração lutara tanto pela liberdade e eu ali, vivendo a experiência de ver um de meus filhos preso a uma substância química. Aprendi, da forma mais dura, que filhos fazem escolhas independentemente das mães.

Acabei me tornando codependente de Hiram: só estava bem quando ele estava bem. Por eu ser careta, foi ainda mais difícil entender tudo o que estava acontecendo. Passei por fases emocionais diferentes. Meu primeiro sentimento foi de culpa – como não percebi os sinais? Ela só foi amenizada quando partilhei minha história com outras famílias e descobri que não há um roteiro a ser seguido: cada um tinha chegado às drogas por um caminho diferente. Depois veio a raiva. "Por que ele está fazendo isso comigo?" Demorei para sair do papel de mãe injustiçada e compreender que a vítima era ele, não eu. Por fim, veio o medo brutal de perdê-lo. Só tive uma sensação semelhante quando Juliano teve meningite, aos seis anos de idade. Após retirar líquido da espinha para o exame, adormeceu e, ao acordar, levantou-se abruptamente e deu um grito terrível de dor. Eu me sentei no chão, peguei-o no colo e fiquei ali por horas, com ele nos braços. Enquanto o embalava, sem saber o que viria pela frente, me preparava para abandonar tudo a fim de tomar conta da minha criança. Só ele importava naquele momento e felizmente ficou bem.

Com a dependência de Hiram, a relação com meus filhos, que era tranquila, tornou-se cheia de cobrança, dor e fiscalização. Aprendi, então, a brigar com as pessoas que eu mais amava, pois até então nunca havíamos nos enfrentado. Aprendi que a maternidade exige, por vezes, atitudes desagradáveis, mas necessárias, como estipular regras, aguentar cara feia, pirraça, malcriação. Quase duas décadas depois de eles nascerem, a força e a plenitude com as quais me vesti depois do parto foram finalmente colocadas à prova. Estabeleci limites dentro de casa, horários, impus controles. Quem não quisesse viver dentro das regras estava convidado a se retirar – o que, em determinada época, de fato aconteceu. Quando estavam sob efeito das drogas, eu tinha a sensação de lidar com clones dos meus filhos. Que situação tão triste olhar para as pessoas que eu mais amava e não reconhecê-las. Nessa época me amparei em um só pensamento: se eu tinha plantado laranjas, ia colher laranjas.

Mesmo totalmente abalada, nunca perdi a fé no que havia sido semeado por mim, pelos meus pais, por aqueles que me antecederam. Tinha fé de que acordariam e se dariam conta de que, se eram laranjas, não poderiam estar vivendo no meio de chuchus. Só me restou acreditar que eu havia passado algo de bom para eles, mais forte do que qualquer droga, apesar de ter consciência de que a cocaína subverte todos os valores morais. No entanto, ainda demorei a entender que até essa percepção teria de acontecer por vontade deles, não minha.

Um dia, essa fase passou. Eu olhava para Hiram, e minha sensação era de que ele retornava de um sequestro que durou 12 anos. Hoje estamos sempre juntos, eu, meus filhos, meus netos e Edison, meu marido. Troco qualquer programa para ficar com eles, nunca me sacio da saudade desse longo tempo de separação. Meus dois filhos são ótimos pais, amorosos, bem-humorados, muito fortes. Minha maior felicidade é conversar com os dois até de madrugada, vivenciando meu maravilhoso papel de mãe. Sem heroísmos, sem pretensões.

Irene Ravache é mãe do produtor e iluminador Hiram Eduardo Ravache, nascido em 1965, e do jornalista Juliano Ravache Paes de Melo, nascido em 1973 e filho do casamento com Edison Paes de Melo Filho. Trabalhou em mais de 20 novelas, atuou em quase uma dezena de filmes e é vencedora dos principais prêmios de atuação no Brasil.

Parcerias para a vida

Isabela Garcia

Tenho dois filhos adolescentes e só consigo adormecer depois que eles entram em casa. João Pedro certa vez me disse: "Dorme, mãe, porque assim que chegar eu venho te avisar. Não precisa se preocupar". Foi um gesto muito bonito de sua parte, confesso. No entanto, não consigo pegar no sono enquanto eles ainda estão na rua, e aprendi a esconder minha tensão para acalmá-los. Quando chega em casa, João me chama e eu, fingindo que estou acordando, ganho um beijo e lá vai ele dormir, feliz com a minha aparente tranquilidade.

Tenho vivido um processo curioso de parar de ser mãe para me tornar uma companheira de vida. Estou aprendendo aos poucos com João e Gabriella, e isso só é possível pela maturidade de ambos, em função da qual conquistaram sua liberdade.

Sou naturalmente bem-humorada e creio que isso ajudou a tornar bons muitos momentos difíceis. Mesmo assim, tenho a consciência de que, por vezes, fui severa demais. Atualmente, acredito em outro tipo de educação, que privilegia a aprendizagem conjunta. Vejo que tenho tanto a ensinar quanto a aprender com eles, e desse conceito nasceu nossa "reunião de família", que acontece sempre no quarto de João. Formamos uma roda, todos sentados no chão, e falamos de coisas legais que aconteceram naquele dia. Lembramos o que não foi bom e discutimos decisões que precisam ser tomadas. Cada um diz o que considera importante e todos se envolvem. Nessas reuniões, as frases mais engraçadas e sábias vêm dos menores, os gêmeos Francisco e Bernardo. Lembro que, quando eles estavam com três anos, eu avisei Bernardo:

"Se você for malcriado com a babá, não terá ninguém para cuidar de você!"

Prontamente Francisco respondeu:

"Eu tomo conta dele, mamãe."

Percebo que, dia após dia, transmito a eles os ensinamentos dos meus pais. Friso a importância de pensar nos outros, ajudar no que for possível, dividir as responsabilidades. São valores importantíssimos que eles aplicam de sua própria maneira. Eles me ensinam todos os dias a não levar as coisas tão a sério, a ser menos rígida, a não responder simplesmente "porque não", e assim acabo tocando a vida com mais leveza.

Muitas vezes, um dos meus exercícios como mãe é deixar de lado pontos de vista próprios para encarar os fatos pelo olhar deles. Nem sempre concordo com o que dizem, mas ao menos experimento. Tem sido difícil fazer isso com os dois mais velhos, especialmente com Gabriella. Talvez por ser mulher, por eu me enxergar nela, muitas vezes dou uma "dura" e logo faço uma autocrítica. Quando necessário, volto atrás e peço desculpas – às vezes defendo determinado posicionamento porque vivi uma situação similar. Não é tarefa fácil, mas no fim sempre nos entendemos. Afinal, o amor é o principal ingrediente para criar filhos, garantindo qualidade

ao tempo em que estamos com eles e nossa disponibilidade interior para criar parcerias que vão durar a vida toda.

A atriz Isabela Garcia é mãe de João Pedro (nascido em 1988, da união com o músico Marcelo Bonfá), de Gabriella (nascida em 1992, do casamento com o fotógrafo André Wanderley) e dos gêmeos Francisco e Bernardo, nascidos em 2005, do casamento com o diretor Carlos Thiré. Profissional precoce, atuou pela primeira vez aos quatro anos de idade e desde então nunca parou: tem em seu currículo mais de 20 novelas e minisséries, entre elas *Paraíso Tropical, Celebridade, Roda de Fogo, JK* e *Anos Dourados.*

O melhor observador de mim

João Bosco

Uma das grandes qualidades do Chico é saber criticar. Ele tem opiniões esclarecedoras sobre tudo, e talvez por isso todos queiram estar perto dele. Ao fazer um comentário, salienta primeiro o que gostou para só depois apontar outro caminho. Nunca diz que algo é ruim. Ao contrário, opina com objetividade, a favor do outro. Sempre torce pelo melhor, característica que traz confiança para quem está ao seu lado. Conviver com meu filho durante todos estes anos me ensinou a ser um pouco como ele, mais generoso e mais aberto para compartilhar.

Francisco não fazia parte da lista de nomes que Ângela e eu imaginávamos para nosso filho. Na verdade, ele me apareceu em sonho, assim como a relação que viríamos a ter. Na minha imaginação, eu discutia com um garoto muito inteligente e argumentador, com um jeito muito independente de ponderar os assuntos, e a quem eu chamava de Francisco. Ao acordar, percebi que havia de fato sonhado com meu filho, alguém que saberia se virar na vida mesmo que eu não estivesse por perto, que teria ideias próprias e a quem seria quase desnecessário questionar. Não me enganei.

Por causa da minha profissão, fui um pai pouco presente. Viajava sempre e, em minhas ausências, contava com a minha intuição, aquela que me levou a sonhar. Eu tinha certeza de que ele estava bem. Ao crescer, Chico sempre mostrou ter muita presença e personalidade. É o tipo de pessoa que pode até assuntar, perguntar, mas que, desconfio, tem sempre em si a resposta pronta para seus questionamentos. Como é muito ligado à filosofia, à semiologia, ao concreto, ao conhecimento, foi ele quem me ensinou a observar melhor a realidade à minha volta.

Já nossa filha Julia saiu mais parecida comigo. É um tipo intuitivo, com grande capacidade de improvisação, que passa o recado de forma mais emocional, pelos gestos, pelo olhar. Você entende que ela o compreendeu pelo abraço, pelo beijo. Quando estou ao seu lado, sinto estar um pouco comigo quando era jovem.

O músico João Bosco é pai do ensaísta, letrista e escritor Francisco Bosco, nascido em 1976, e da cantora e compositora Julia Bosco. Ambos são filhos da união com a artista plástica Ângela Bosco, com quem se casou em 1974.

Dona de filho, não

Lilian Pacce

"Lá você não trabalha nunca mais", decidi quando Clara, minha filha do meio, chegou em casa me contando o ocorrido. Ela tinha apenas 16 anos e se empenhava como voluntária em um projeto assistencial na Baixada do Glicério, em São Paulo. Cuidava de uma lojinha que vendia peças de roupa e sapatos por 20, 30 centavos, uma maneira que a escola havia encontrado de proporcionar aos alunos a oportunidade de realizar trabalhos sociais. Nesse dia, entrou ali um homem aos berros, dizendo que iria levar o que quisesse sem pagar, em uma atitude muito agressiva. Por sorte, havia outros clientes na loja, que a defenderam e o mandaram embora. Mesmo chateada com o evento, Clara bateu o pé.

"Volto sim, como faço todos os dias."

O melhor que pude fazer foi compreender que aquilo que ensinamos aos filhos pega, para o bem e para o mal. Pois não fui eu que sempre afirmei que um mundo mais justo depende de cada um de nós? Ela estava fazendo a sua parte e eu tinha de aceitar.

A verdade é que, quando senti que isso poderia colocá-la em perigo, quis recuar. Mas essas coisas não têm volta. Os filhos têm vida própria. A gente acha que é um pouco dono deles, mas não é. Aprendi que a minha autoridade e a sensação de posse vão só até a "página 2".

Fui mãe pela primeira vez aos 26 anos e de cara me dei conta de que não era mais dona do meu nariz, pois tive de ficar em repouso desde o começo da gravidez. Precisei me organizar melhor, criar outra rotina, ser paciente, aceitar que as coisas não acontecem no meu tempo e do meu jeito. Quando Maria e Clara ainda eram pequenas, moramos um longo tempo em Londres e, ao voltar para o Brasil, demorei uns seis meses para abrir a janela do carro, paranoica que estava, com medo de assalto. Até que as duas me perguntaram:

"Mãe, que cara tem um ladrão? Como a gente vai saber quando um se aproximar?"

Boa pergunta. Não tinha resposta, como muitas vezes não tenho para outras perguntas, e me toquei de que o melhor a fazer era mesmo relaxar. Aprender a deixar a vida acontecer, com um mínimo de planejamento e cuidado, é um aprendizado que os filhos trazem.

João apareceu quando eu estava certa de que não teria mais filhos. Ele acrescentou uma imensa dose de doçura na minha vida, talvez por eu estar mais madura, com 38 anos. E o incrível é que foi a única gravidez em que não me senti mal. Quando era para ser tudo mais complicado, ficou mais simples.

Difícil não cair no chavão ao dizer que os três me ensinam a ser uma pessoa melhor. Quando Maria nasceu, aprendi a ouvir mais, a deixar meu ego de lado para prestar atenção nela e, consequentemente, no mundo. Também por causa deles me aproximei mais dos meus pais, pois aprendi a entender certos comportamentos deles que antes eu não compreendia.

A maternidade trouxe também a descoberta do amor incondicional e de uma percepção inusitada: a de que sempre vou amá-los mais do que eles a mim.

Lilian Pacce, jornalista, é apresentadora do programa *GNT Fashion* desde 2000. Casou-se com o jornalista Leão Serva em 1985 e com ele tem três filhos: Maria, nascida em 1988, Clara, em 1990, e João, em 2001. Lilian entrou para o mundo da moda em 1987, cobrindo os desfiles do eixo Paris-Milão-Londres-Nova York para o jornal *Folha de S. Paulo*. A especialista, que estudou na Saint Martin's School of Fashion, em Londres, a mesma por onde passaram os estilistas John Galliano e Alexander McQueen, foi reconhecida duas vezes como a melhor jornalista de moda do Brasil. Em 1998, ganhou o prêmio pelo Phytoervas Fashion e, em 2000, pelo Abit Fashion Brasil, da Associação Brasileira de Indústria Têxtil.

Passaporte para a normalidade

Lúcia Lara

Minha filha Júlia mudou minha percepção de que hospital era sinônimo de sofrimento. Também pudera. Para acompanhar meu primeiro marido, infectado pela aids, passei dois anos e meio dentro da área de UTI. Somente um ano depois de seu falecimento, quando ela nasceu, sorri em vez de chorar ao passar pelo portão do hospital, pois carregava nos braços um bebezinho lindo e perfeito. Mais do que isso, tornar-me mãe da Júlia me ajudou a sobreviver, a sair de uma história totalmente fora da ordem para uma família com dramas normais.

Até então, levara uma vida muito diferente da maioria das pessoas da minha idade. Comecei a namorar aos 14 anos e me casei aos 18 com o Henrique, 20 anos mais velho que eu. Antes de morrer, meu marido passou longos períodos internado: na primeira internação ficou três meses, depois mais oito meses e por último foram onze meses de UTI no quarto – em 1988, era grande o medo da contaminação e, por isso, os pacientes com HIV permaneciam isolados dos demais. Sonhei com filhos por muitos anos e planejávamos uma gravidez para assim que eu me formasse, mas o diagnóstico do Henrique veio justamente na época da minha formatura.

Júlia foi meu passaporte para a normalidade. Ela me trouxe para a terra, me tirou do drama da epidemia, me transformou em uma mãe normal, que conversava sobre fraldas e amamentação. Com seu nascimento, encerrei de vez uma fase dificílima da minha vida. A partir dali, virar noites por causa das cólicas dela ou do Bruno, que chegou em 1993, era moleza, em virtude da experiência que havia tido antes deles. Seja como for, adoro o trabalho que criança dá.

Meus filhos são meu fio terra. Venho de uma família diferente, com pais superaventureiros. Aos sete anos de idade, eles me deixavam atravessar de canoa, remando por duas horas, sozinha, da Praia Vermelha até a Praia do Lázaro, em Ubatuba, litoral de São Paulo. Só me dei conta da loucura que era aquilo no dia que Júlia, nadando no mesmo local, ultrapassou os limites das boias no mar: entrei em pânico! Porém, mesmo com tanta liberdade, tive uma educação rigorosa e frequentei um colégio alemão. Tinha autonomia para pegar a canoa, mas, se eu me esquecesse de levar os equipamentos de segurança, teria de me virar sozinha.

Não fui educada para ser mãe, mas para privilegiar a carreira. Até me casar não sabia cozinhar, lavar roupa ou cuidar da casa: quem me ensinou tudo isso foi o Henrique. Para completar a lição, a presença dos meus filhos me ensinou que minha carreira é importante, mas meus filhos são mais. A maternidade mudou até meu jeito de trabalhar. Eu, que sempre havia sido um pouco "carrasca" com as mães, finalmente entendi qual é a sensação de chegar em casa, cansada do trabalho, e ter de lidar com crianças requisitando minha atenção. No meio disso tudo, casei pela terceira vez e tive uma filha "postiça", a Mariana. Ela me ensinou a entender a figura da madrasta, papel que mexe com sentimentos tão ambíguos.

Meus filhos me ensinaram a ter uma atitude mais irreverente e também aprendi a rir. Foi surpreendente até para mim mesma quando me vi inventando um caderno de receitas do Power Ranger, com a cumplicidade do verdureiro da feira que fornecia para a gente o "brócolis do Power" para a salada, só para convencer o Bruno a comer legumes. Essa relação lúdica com a vida é ensinamento deles, ambos bem-humorados: enquanto Bruno é mais gozador, Júlia tem uma ironia fina, e me ajudaram a bagunçar uma estrutura rígida interna, cheia de regras.

Por tudo isso, creio que não é à toa que dizemos que a mulher "dá à luz": a maternidade de fato nos ilumina.

Lúcia Lara é psicóloga formada pela Pontifícia Universidade Católica do Rio de Janeiro e mãe de Júlia (nascida em 1989) e Bruno (nascido em 1993).

Homem com H

Marco Antônio Sichi de Mello

Difícil para mim admitir o quanto fui tosco em minhas emoções e ignorante em muitas situações que envolveram meus filhos. Sinto que eles sempre me olharam com ternura, amor e orgulho, mas sempre penso em quantas vezes eles devem ter me visto como um cara fraco que, no entanto, se achava o maioral.

Até poucos anos atrás, apesar de brincalhão, fui um cara severo, individualista, até meio repressor, que exigia formalidade. Minha esposa, ao contrário, era doce e compreensiva. Com suavidade, ela conseguia mais resultados que eu com Ítalo, nosso filho mais velho, pois ela sabia lidar com a sua personalidade contestadora e sua extrema inteligência. Enquanto isso, eu achava que o correto era castigar – mesmo uma criança indefesa e em formação.

Hoje observo muitos pais agindo assim, com a mesma arrogância que eu tinha, aniquilando a autoestima das crianças. Uma tragédia teve de acontecer em nossa vida para que eu, no meio de um drama terrível, aprendesse a ouvir e a ser gente. No fim das contas, foram meus filhos que me ensinaram a ser homem, com H maiúsculo.

Meu processo de mudança ocorreu depois que minha mulher sofreu um acidente de carro. Era Dia das Mães, 13 de maio de 2001. Eugênia, comissária de bordo como eu, acordou cedo, pois faria um voo a Foz do Iguaçu. Antes disso, precisava amamentar nosso caçula, Enzo, então com oito meses de idade. Enquanto estava envolvida nos cuidados com o bebê, Ítalo, que estava com nove anos, me disse que preferia dar o presente para ela quando estivesse de volta, na hora do almoço. Topei a brincadeira: fingimos ter esquecido a data e nos despedimos dela.

Algumas horas depois me avisaram que ela havia sofrido um acidente no caminho de volta para casa. Atordoado com a notícia, pedi a uma vizinha que ficasse com os meninos até meu pai chegar. Esperto, Ítalo percebeu que algo estava errado. "Está tudo bem", respondi, cedendo ao mau hábito das malditas "mentiras sociais". Ele me encarou com um olhar que nunca esquecerei, como se pensasse:

"Cara, sou seu filho, seu amigo, e você vai mentir pra mim?"

Entendi o recado. Sentei-me com ele e expliquei que a mamãe tinha sofrido um acidente, que a situação devia ser grave, pois ela estava sendo levada para o hospital, que eu ia vê-la e, assim que tivesse notícias, avisaria. Ele me abraçou e disse:

"Conte só a verdade. Eu amo você."

Chegando ao hospital, percebi que a situação era gravíssima, as chances de sobrevivência, mínimas e, caso isso acontecesse, Eugênia sofreria sequelas seríssimas. Com a correria para conseguir uma vaga na UTI e providenciar exames, só consegui retornar para ver os meninos no começo da noite. No caminho eu pensava no que dizer ao Ítalo. Ao chegar, ali estava ele, plantado na sala, me aguardando. Antes que pudesse pensar mais, nos demos um abraço apertado e descrevi qual era a real situação. Ficamos um bom tempo calados, um ao lado do outro, até que eu lhe perguntei:

"O que você quer fazer? Quer ver a mamãe no hospital?"

Ele respondeu que não e, suplicando com o olhar, parecia querer dizer:

"Não me obrigue a ir."

No dia seguinte, Eugênia faleceu. Novamente fui perguntar a ele o que desejava fazer.

"Quero que leve um bilhete e ponha na mão dela. Quero também que me traga um pouco do seu cabelo. Não vou ao velório, mas sei, papai, que preciso acompanhar você no enterro."

Estupefato, eu, sempre acostumado a dar ordens e a não respeitar a vontade dos outros, aprendi com meu filho, naquele momento de dor, que nem as "mentiras sociais" devem ser toleradas para justificar o que quer que seja. Aprendi com ele a respeitar o interesse e a vontade das outras pessoas e, principalmente, a não subestimar a capacidade de meus filhos.

Também aprendi que antes de tomar uma decisão que envolve mais de uma pessoa é preciso sentar, olhar nos olhos e conversar, deixando o orgulho de lado. Ele, por exemplo, não queria se lembrar da mãe em uma cama de hospital ou em um caixão, mas estava ali para me apoiar. Foi a partir dessa tragédia que aprendi a olhar para os lados, a não fazer nada sem antes consultar meus filhos, especialmente em assuntos que dizem respeito a eles.

Felizmente, nem todas as lições vieram pela dor. Com Enzo, que tem a bênção do bom humor, tudo acontece de forma alegre. Nunca o vi acordar sem um sorriso imenso, desejando bom-dia. Ele transpira esse bem-estar com o mundo. Muitas vezes, quando vou checar se está dormindo tranquilamente, ao ajeitar suas cobertas ou dar-lhe um beijo, do meio do sonho ele sorri.

Enzo também me ensinou o desapego material. Desde bem pequeno ele divide tudo sem sofrimento. Em certa ocasião, recebemos a visita de um casal de amigos com um filho da mesma idade. Eles passaram horas brincando com os carrinhos de corrida de Enzo. Um deles, um Cadillac vermelho, era o seu preferido – o mesmo que encantou o outro garoto. Na hora de ir embora, o menino resolveu que iria levá-lo. Estava irredutível. Depois de alguns minutos de discussão entre os pais e o menino, Enzo disse: "Olha, eu gosto muito deste Cadillac, foi meu pai quem me deu. Esse é o carro dele quando brincamos juntos. Mas, se você gostou tanto, eu dou para você. Só que o meu pai não vai junto, porque ele é a única coisa que eu não divido".

Fiquei muito surpreso ao ouvir aquilo, pois sempre o ensinei a respeitar a propriedade dele e dos outros, e que ser bom não significa ser bobo. Mas não era esse o caso: ele estava me mostrando o verdadeiro significado do bem, do amar as coisas que se têm, mas não a qualquer custo. Ele deixou claro que podia abdicar do brinquedo favorito, mas não de mim, seu bem maior. Ao colocá-lo na cama naquela noite, enquanto rezávamos, eu pensava:

"Esse carinha me ensinou a amar o gesto, a atitude."

Não que eu seja assim tão apegado às coisas, mas aquela cena mudou minha maneira de encarar o "possuir". E mais uma vez me senti pequeno diante dos meus filhos.

Marco Antônio Sichi de Mello, comissário de bordo, é pai de Ítalo, nascido em junho de 1992, e de Enzo, nascido em setembro de 2000. Casou-se em 1991 com a também comissária Maria Eugênia Bortolaia Breviglieri, falecida em 14 de maio de 2001.

Minha família é diferente da sua

Mariana Elisabetsky

Aos 17 anos, quando me entendi apaixonada por mulheres, meu antigo desejo de ter filhos ganhou um complicador. Esse foi sempre meu tema mais delicado, que se transformou em uma ferida: como eu resolveria a questão da maternidade na minha vida? Seja como for, estava decidida: eu teria filhos, nem que fosse sozinha.

Somado a esse dificultador, havia outro, e ele impunha urgência. Surgiu quando uma tia enfrentou, ainda muito jovem, um câncer de mama. Por conta disso, todas as mulheres da família participaram de uma pesquisa na Universidade de São Paulo e descobrimos que temos predisposição ao câncer de mama em função de uma mutação genética característica da população judaica de uma determinada área da Polônia, de onde vieram meus avós. Recebi, então, uma instrução médica clara: a de engravidar rapidamente para não correr o risco de, antes, ser alcançada por um diagnóstico negativo, e aproveitar para usufruir dos benefícios da amamentação, que nesse caso também funciona como uma forma de prevenção à doença.

Supersimples, não é? Eu não tinha marido, só namorava mulheres e, para completar, tinha agora uma doença no meu encalço. O único ponto a favor nessa história toda era contar com pais queridíssimos, que sempre me apoiaram em minhas decisões. Colocamos como *deadline* meus 30 anos para cumprir a missão, e por isso digo que já estava "operando no limite" quando Paula apareceu na minha vida.

Trabalhávamos no mesmo espetáculo, eu como atriz, ela como cenógrafa. Saída de dois casamentos malsucedidos com homens, estava escaldada e havia engavetado a possibilidade de se relacionar novamente. Fui eu, claro, que me aproximei e a princípio ela entendeu que eu queria apenas sua amizade. Logo a ficha caiu e não teve enrolação: ela topou me conhecer. Foi sua primeira demonstração da mulher corajosa que é.

A segunda viria em seguida. Estávamos namorando havia dois meses quando respirei fundo e fui conversar com ela sobre meu projeto de ser mãe.

"Sinto muito te jogar essa bomba, mas preciso te avisar que vou ter um filho no ano que vem."

Expliquei toda a história: o desejo, o câncer familiar, meu prazo se esgotando. Deixei claro que não exigia nada dela e que, por ser um tema tão antigo e tão central na minha vida, nem teria como partilharmos decisões. Ela compreendeu e me apoiou, mas deixou claro que não havia condições de abraçar a ideia comigo. Claro, era cedo para pensar em algo assim e nossas famílias nem ao menos se conheciam. Dois meses se passaram, eu continuei me preparando para ir em frente, a Paula só acompanhando. Até que ela me chamou para conversar e disse:

"Eu topo."

A maternidade já havia sido um tema também para Paula, principalmente durante seu segundo casamento, mas não se concretizou. Começamos a aprofundar a conversa e nossa primeira decisão foi morarmos juntas, para vermos como a relação funcionaria. Paula também estava insegura com relação ao trabalho: não se sentia em um bom momento profissional que lhe desse garantias para formar uma família. Só oito meses depois fomos em frente e começamos o tratamento para engravidar.

Achei que faríamos inseminação artificial, mas, como uma de minhas trompas não funcionava bem, nos indicaram a fertilização *in vitro*. Passamos pelo processo de procura do doador anônimo, que é bem curioso. Decidimos buscar quem se parecesse com a gente dentro de uma listagem de 50 opções, fornecida pela clínica de reprodução assistida, com perfis muito detalhados: ascendência, religião, características físicas, profissão, *hobbies* etc. Dá até para pirar com tanta informação, e por isso decidimos simplificar. Estavam fora os muito altos e os muitos baixos, os muito magros e os muito gordos, e por aí vai. Acabamos escolhendo um artista, como nós. E assim sabemos que o pai de nossos filhos é músico, tem olhos verdes e cabelos castanhos.

Depois disso, enfrentei uma maratona de 33 injeções de hormônio. Como sou dentista e estou acostumada a agulhas, achei que iria tirar de letra. Que nada. Fiquei cheia de hematomas e acabei precisando da ajuda da Paula. O processo é todo muito delicado, e supercaro. O objetivo dessa etapa inicial é estimular o corpo a produzir mais óvulos e espera-se que a mulher libere cerca de oito nesse processo – eu gerei 33. Como o processo de inseminação é caro, os médicos recomendam que se implantem dois para aumentar as chances de gravidez, mas a gente não queria. Afinal, se viessem gêmeos, como a gente daria conta? Decidimos que faríamos a inseminação apenas com um óvulo – porém minha mãe interveio.

"Se o problema é grana ou estrutura, ponham dois. Afinal, eles não serão só seus filhos, serão meus netos também."

E lá fomos nós. A primeira tentativa não deu certo. Doze dias depois da segunda, fizemos o primeiro ultrassom: estávamos grávidas e vimos, na imagem, um embrião.

"Cadê o outro?", minha mãe quis saber.

Uma semana depois, fomos fazer um novo ultrassom. Paula e eu conversávamos sobre a peça em que trabalhávamos enquanto o médico realizava o exame. De repente ele disse:

"Mas não era só um?"

Assim descobrimos que é comum ver um embrião antes do outro, porque cada um tem um tempo diferente de desenvolvimento.

Eu vivi uma gravidez sensacional e a Paula, por sua vez, viveu todos os sintomas junto comigo. Ficava enjoada e fazia xixi o tempo inteiro. Quando íamos para a consulta, o médico terminava a sessão de perguntas comigo e começava com ela:

"Então, Paula, como você está se sentindo?"

E um dia descobrimos que haveria a chance de ela também amamentar. Afinal, mulher que se ama e dorme junto fica grávida e amamenta junto. Por isso, ela começou a tomar um remédio que, como efeito colateral, estimulava a produção de prolactina.

Cheguei até a 40ª semana de gravidez e queríamos muito ter parto normal, mas não deu. Mia nasceu com 3,5 quilos e Gael, com 2,8 quilos. Amamentei as crianças por muitos meses, o que foi uma superconquista, e Paula por dois. Nossas famílias são loucas pelos bebês e engana-se quem pensa que os mais velhos rejeitam esse tipo de nova configuração: quando fizemos o *brit milá* de Gael (circuncisão judaica), minha avó fez questão de chamar todas as suas amigas para a festa.

A verdade é que, ao contrário do que se queira pensar, a configuração da nossa família é bem careta. Depois de nós duas ficarmos três meses em casa com os bebês, Paulinha voltou a trabalhar forte e sou eu quem fica mais tempo com eles. Não creio que haja qualquer diferença importante em relação a outras famílias em que existe a figura do pai. A princípio, imaginávamos que eu teria um bebê e ela, mais tarde, teria outro usando os mesmos embriões, que continuam congelados. Mas, com a chegada de dois, nossa pequena família ficou grande de repente. Esse assunto está arquivado, por enquanto.

Ainda não tivemos tempo para cuidar de papelada e na certidão de nascimento deles não consta o nome do pai. Conseguimos, com um pequeno truque, que ambos tivessem também o sobrenome de Paula, incluindo-o como um segundo nome para ambos. Precisaremos fazer o casamento civil para, depois, entrar com o processo de adoção unilateral, em que cederei a ela os direitos de mãe sem abrir mão dos meus. Quando passeamos com eles na rua, quem se aproxima e pergunta de quem são os bebês nós respondemos que são das duas. Cada um tem uma reação diferente e nós temos sempre a mesma resposta:

"Pois é, minha família é diferente da sua."

A verdade é que todas as famílias são diferentes, porque a nossa deveria ser igual a qualquer outra? Nossa única dúvida, nesse assunto, é como eles irão nos chamar. Porque "mamãe" as duas são. Mas esse não é um tema para a gente – vamos deixar que resolvam por si.

Mariana Elisabetsky, atriz de teatro e dentista, é mãe dos gêmeos Gael e Mia, concebidos por meio de inseminação artificial. Ela divide o posto de mãe com a companheira, a arquiteta e cenógrafa Paula Izzo. Desde o nascimento dos bebês, em dezembro de 2010, elas abraçam o que chamam de "campanha educativa", por meio da qual tentam quebrar algumas barreiras do preconceito que ainda é endereçado a famílias de casais homoafetivos. Para isso, contam e recontam sua história, seja pessoalmente, seja por meio da mídia, para quem queira ouvir. O caminho é longo, mas isso não é problema: as duas não têm mais nenhuma pressa.

Faça como eu, mãe

Mônica Waldvogel

"Mãe, faça como eu", encenou meu filho enquanto almoçávamos e, mais uma vez, eu comentava sobre os meus problemas no trabalho. "Quando passo meu crachá pela catraca do escritório, a roleta gira e eu digo: hora de trabalhar. E só penso nisso. Quando passo de novo, na saída, penso: daqui para a frente, é minha vida pessoal."

E não é que ele de fato me ensinou essa lição? Passei a desplugar não dos acontecimentos, mas dos problemas. O "treino" de Daniel foi tão eficaz que comecei a usar meu tempo para passear, para saborear um vinho incrível, para ficar com meus amigos e, claro, com meu filho. Deixo as dores do trabalho no código de barras do crachá e só no dia seguinte volto a lidar com elas. Que ironia: precisei criá-lo, educá-lo e esperar que entrasse no mercado de trabalho para que me passasse esse conceito básico de vida.

Vejo em Daniel vários comportamentos surpreendentes que não vieram embutidos nos valores que eu identificava como meus. São coisas próprias dele. E foram justamente essas atitudes que se transformaram em lições para mim. A principal característica de Daniel é seu tremendo senso de justiça. Ele não faz o julgamento de uma pessoa com base em apenas um ato e, mais do que isso, sempre ponderou comigo as situações que eu estava vivendo.

Várias vezes aconteceu de eu estar aborrecida com alguém e ouvi-lo, um tanto desconcertada, me dizer:

"Mãe, mas essa pessoa que não foi legal com você hoje não é a mesma que comentou que o filho estava com problemas? Não é aquela que você achava bárbara? Talvez ela apenas estivesse passando por um dia ruim."

E de tanto conversar com ele, acabei de fato me treinando para imaginar o outro lado da situação. Essa intuição generosa de Daniel, que ele carrega desde a infância, grudou em mim. Claro que não com a mesma sabedoria...

Daniel, há tempos, é meu grande companheiro. Nasceu quando eu tinha 19 anos e, como engravidei adolescente, meu pai, alemão rigoroso, nunca aceitou bem o neto. E era justamente ele quem sempre saía em defesa do avô, o que sempre me comoveu muito. Ele também me acompanhou em todos os momentos e, apesar de nunca ter me cobrado, eu me sentia culpada por ter tido pouco tempo para ele em função da minha carreira jornalística. Comentei esse assunto durante um programa de TV, depois do qual ele veio dizer que, ao contrário do que eu poderia imaginar, não sentia mágoa alguma de mim. E foi assim que ele me libertou dessa culpa.

Mônica Waldvogel é jornalista e mãe do geólogo Daniel, nascido em 1976. Iniciou a carreira na extinta TV Manchete, em 1982, e desde então passou pelo SBT, Record, Rede Globo e pelos canais GloboNews e GNT.

Quase tudo planejado

Nívea Stelmann

Planejei tudo muito direitinho. Como eu queria fazer o parto do Miguel dentro d'água, durante a gravidez fiz cursos, li vários livros, comprei até uma banheira. Tudo ia caminhando bem e ele lá, encaixadinho para nascer... até que decidiu dar duas voltas em torno do cordão umbilical. Com ele enrolado assim, meu plano de fazer um parto normal é que foi por água abaixo. Morrendo de medo da cirurgia, lá fui eu. E foi uma lição para o resto da vida: por mais que eu faça, deseje e esperneie, meus filhos serão o que quiserem ser. Se até na hora do nascimento não pude intervir, creio que será assim para o resto da vida.

É normal que, ao termos filhos, queiramos idealizar seu futuro. Por isso que, para mim, o parto foi de fato um aprendizado, no sentido de entender que não adianta eu fazer tantos planos: as coisas precisam acontecer. O que espero realmente é que ele e a Bruna sejam pessoas de bom coração. E, para ajudá-lo nisso, faço meu papel de mãe, educando-o e colocando limites.

Ser mãe é, de fato, meu maior ofício. Eu amo meus pais – mas o que eu sinto por meus filhos não tem explicação.

Acordo à noite e fico olhando para eles dormindo e nutro um sentimento que nunca havia experimentado antes. Por eles sou capaz de qualquer coisa. Aprendi que não mando no destino, mas também aprendi o que significa sentir um amor incondicional.

Nívea Stelmann, atriz, tem dois filhos: Miguel (nascido em 2004), com o ator Mário Frias, e Bruna (nascida em 2014), com o empresário Marcus Rocha. Estreou na televisão em 1993 na extinta Rede Manchete. Na Globo, participou de novelas como *Malhação, A Indomada, O Clone, Chocolate com Pimenta* e *Três Irmãs*. Trabalhou como repórter do *Vídeo Show* e atuou no cinema e no teatro.

Isabella, do Jimi Hendrix

Patricia Oriolo

Estávamos em uma casa de praia que alugamos com alguns amigos quando, de repente, um morcego entra voando janela adentro. Todos saíram correndo e gritando, menos a Isabella, que depois explicou:

"Vocês não sabem que morcegos não são carnívoros? Eles comem frutas!".

Ela foi sempre assim, corajosa a ponto de colocar muitos adultos "no chinelo".

A vida exigiu dela essa postura. Ninguém merece ficar órfã aos sete anos, mas foi nessa idade que minha filha perdeu o pai, vítima de um infarto. Em vez de se revoltar, ela buscou outro caminho. Foi ela que veio me dizer, logo depois da cremação:

"Sabe, mãe, acho que ele agora está melhor. Aproveitou a vida, viajou o mundo inteiro, fez tudo o que queria. Mas chegou a hora de ele ir."

Que forma tão sábia de processar a perda.

Vejo todo dia seu esforço em estar bem, pois ela acredita que o pai, esteja onde estiver, a quer feliz. Assim, ela me ensina a aceitar a perda, embora seja muito difícil para mim. Nós estávamos separados, mas éramos grandes amigos e eu ainda sofro com a sua ausência. A todo momento, porém, tenho minha filha me lembrando de que o pai queria que a gente ficasse bem.

Isabella é muito amorosa e sua maneira de expressar afeto também me tornou diferente. Não sou do tipo que diz "eu te amo", abraça e beija toda hora – foi ela quem me ensinou a ser mais carinhosa. A todo momento ela pergunta se a amo, pede beijo. Sinto que tem muito medo de me perder. Claro que de vez em quando chora, se entristece, reclama da falta do pai. Porém, logo em seguida brinca que Mauricio finalmente encontrou no céu as pessoas de quem gostava, como seus pais, John Lennon e até Jimi Hendrix, autor da canção em que ele se inspirou para escolher o nome da nossa filha.

Patricia Oriolo, roteirista de TV e escritora, foi casada com Mauricio Polari de 1994 a 2000, com quem teve uma filha, Isabella, nascida em 1997. Trabalha também na área de publicidade como roteirista para vídeos comerciais, institucionais e corporativos.

A lição nossa de cada dia

Patrícia Saboya

Mãe tem de ser mãe e não amiga, dizem por aí. Discordo. Quando Lívia nasceu, eu tinha apenas 20 anos e talvez por isso tenha me tornado uma "mãe-amiga". Mas isso nunca mudou, pois mantive a mesma postura quando nasceram Ciro e Yuri e até bem mais tarde, quando adotei minha caçula, Maria Beatriz. O resultado eu sinto todo dia, no relacionamento que tenho com os quatro. Estamos sempre juntos, eles nunca tiveram vergonha de serem vistos comigo ou de me apresentarem aos colegas. Mesmo hoje, os três mais velhos, já adultos, muitas vezes deixam de fazer um programa quando não aceito acompanhá-los. Não tenho dúvida de que estou no caminho certo.

Minha tendência é para o diálogo. Não sou do tipo que usa a autoridade de mãe para convencê-los ou persuadi-los em nenhum assunto, e creio que seja por isso que aprendo com eles, todos os dias, a maior de todas as lições: ouvir. Digo isso porque o natural é que a gente tenda a dar ordens e não queira ser questionado quando se trata de alguém que temos a responsabilidade de educar. Eu estive atenta e sempre procurei prestar atenção ao que eles tinham a dizer em todo tipo de assunto, e essa proximidade deles certamente abriu minha cabeça e aguçou minha curiosidade sobre a vida. Se não fosse por eles, dificilmente me arriscaria a ver um filme de um diretor estreante ou ouvir músicas de bandas e cantores da atualidade. Com certeza me acomodaria, mas não foi o que aconteceu: hoje escuto todo tipo de som e, sempre que eles vão ao cinema, vou atrás.

O aprendizado com os filhos é uma coisa incrível, que nunca termina. Com Yuri, que é muito tranquilo e sensível, aprendi a conduzir a vida com mais serenidade. Até poucos anos atrás eu tinha dificuldade para relaxar, mas tenho aprendido a fazer isso observando sua maneira pacífica de viver. Ele me mostra a cada dia que, para atravessar as dificuldades, é preciso parar e respirar antes de seguir em frente.

Em contrapartida, enxergo neles características que herdaram de mim, o que me deixa atenta para transformar aquilo que me incomoda em mim mesma. Ciro, como eu, tem muito medo de dizer o que pensa e acabar magoando as pessoas. Ao longo dos anos, por observá-lo como em um espelho, fui conquistando a capacidade de defender aquilo em que acredito sem o medo constante de ferir o outro. Com cuidado, mas com verdade. Lívia herdou de mim a excessiva preocupação com os outros. Então, aprendo a me policiar para não sofrer demais e, assim, poder ajudar melhor as pessoas que amo.

Com Bia, que tinha 11 meses quando a adotei, tenho experiências muito diferentes das que tive com os outros. Quando Lívia nasceu, eu era uma jovem despreparada, quatro meses depois de seu nascimento já estava grávida de Ciro e quatro anos mais tarde chegou Yuri. Hoje conto com os três para me ajudar a cuidar da irmãzinha. São todos responsáveis e sabem fazer concessões, como ir e voltar da praia mais cedo, separar um tempinho para dar banho ou passear com a caçula.

Colocando na balança, creio que meu maior aprendizado foi e ainda é o exercício da confiança e do diálogo. Nunca tive de me preocupar com eles, não perdi uma única noite de sono por eles estarem na rua ou terem viajado. Lá em casa, o acordo tem força de lei: nós nos falamos todos os dias, não importa onde cada um esteja. Nunca deixamos de conversar, nunca deixamos de nos ouvir. Acho que esse é o aprendizado para ser exercitado uma vida inteira.

Patrícia Saboya é cearense de Sobral. Foi casada por 15 anos com o político Ciro Gomes, com quem teve os filhos Lívia (1984), Ciro (1986) e Yuri (1990). Adotou Maria Beatriz em 2007. Pedagoga, foi vereadora de Fortaleza, deputada estadual e senadora do Ceará. Entre seus projetos estão a ampliação da licença-maternidade para seis meses e a Nova Lei da Adoção.

Jogo de xadrez

Regina Duarte

Durante muitos anos me senti em um jogo de xadrez: a vida de um lado e eu do outro, o tempo inteiro tentando prever quais seriam os próximos lances. Esse meu jeito me ajudou muito enquanto meus três filhos eram pequenos, pois se algo saía do previsto eu partia para o plano B – e sempre havia um plano B. Mais tarde, essa estratégia se transformou em uma prisão, pois eu nunca consegui me permitir estar livre para o inusitado, para decidir na hora o que fazer. Luto contra essa prisão interior até hoje e é a convivência com meus filhos que me impede, muitas vezes, de entrar nesse jogo maluco e neurótico de programar absolutamente tudo. Eles vivem o "agora" e me contagiam com essa forma de captar sempre o momento presente – e sinto que assim eu aproveito melhor a vida.

Até a adolescência deles, essa rígida organização era indispensável, pois morávamos em São Paulo e eu trabalhava no Rio de Janeiro, onde, por vezes, passava toda a semana. Casei-me quatro vezes e, por isso, nem sempre o pai deles estava por perto. Todas as decisões eram por minha conta e viagem marcada significava a produção de uma lista intensa de programação para cada um dos três, deixada sob responsabilidade da babá: médicos, estudos, matrículas, pagamentos. O tempo passou e, enquanto eles se tornavam independentes de mim, permaneci dependente desse planejamento obsessivo. Queria ter a semana, o mês, o ano planejados! Tudo isso explicado, fica fácil entender por que acredito que a lição mais importante que meus filhos me ensinam é que devo lutar pela libertação do passado e do futuro para viver o presente.

Também tenho aprendido a me divertir mais. Sou de natureza dramática, séria, disciplinada, e tenho dificuldade de enxergar o lado engraçado das situações. Se alguém me conta uma história, eu me apresso para tentar dissecá-la de forma filosófica, mesmo as coisas mais simples. Ganhei apelidos dos meus filhos por causa dessas características: algumas vezes sou Simone de Beauvoir, outras sou a madre Teresa de Calcutá, pois sempre quero cuidar dos outros antes de mim mesma. Com a ajuda dos três aprendi a rir disso e compreendi que de nada adianta tentar resolver a vida de todo mundo se não olhar, antes, para mim mesma.

A atriz Regina Duarte foi casada com o diretor de televisão Daniel Filho; é mãe do empresário André (nascido em 1971) e da atriz Gabriela Duarte (nascida em 1974), de seu primeiro casamento com Marcos Flávio Cunha Franco; e de João Ricardo (nascido em 1981), com o publicitário argentino Daniel Gómez. Em 2000 casou-se com o pecuarista Eduardo Lippincott. Natural de Franca, interior paulista, fez sua estreia na televisão aos 18 anos de idade na novela *A Deusa Vencida*, na extinta TV Excelsior, e em 1971 ganhou o apelido de "namoradinha do Brasil", resultado da atuação como protagonista da novela *Minha Doce Namorada*. É uma das mais importantes atrizes do Brasil.

DNA musical

Renato Teixeira

"Cara, não tenho dinheiro nem para comer", disse-me certa vez José Celso Martinez Corrêa. Naquela época, começo dos anos 1970, a cena artística era um campo de batalha. A música brasileira crescia com tudo, mas o teatro só batia a cabeça. E aí minha filha mais velha, a Isabel, veio me contar que havia decidido ser atriz. Reagi, claro. Bati o pé.

"Não, não, você vai ser música", determinei, mesmo porque ela é uma grande cantora. Mas ela também bateu o pé. E ficava ela de um lado, argumentando a favor, eu do outro, argumentando contra. Não teve jeito. Por influência da mãe dela, acabou ficando mesmo no teatro. Foi então que aprendi que você não define o destino do filho. Ela se tornou de fato uma atriz fenomenal e me mostra todo dia que, com a atuação correta e se aproximando das pessoas certas, ela faz muito mais do que encenar: está ajudando a melhorar a condição do teatro no País.

Eu sou a quarta geração de músicos na família. A única diferença, olhando para o passado, é que eu fui o primeiro a me profissionalizar. Antonia, minha primeira filha do segundo casamento, é uma grande contrabaixista, mas o negócio dela é com vídeo. Surfa na minha praia, pois tenho também uma longa história com TV e publicidade – trabalhei muitos anos na Tupi, aprendi muito de imagem, edição, e na publicidade eu fazia trilhas e edição de filmes. Quando ela decidiu se dedicar ao vídeo, começou a trazer para o meu dia a dia aquilo que eu fazia antigamente, mas com uma nova linguagem, e assim ela me deixa mais contemporâneo e me moderniza.

Aí vieram os dois meninos. A mãe deles e da Antonia, pianista clássica, também os influenciou: a infância dos dois foi assim, brincando no quintal enquanto ouviam os estudos clássicos de piano da mãe e as minhas composições. A casa vivia sempre cheia de músicos e violões por toda parte. Quando eles eram pequenininhos, eu tocava minhas músicas na hora de dormir e, ao crescer, tomaram um susto ao perceber que muita gente por aí também as conhecia. Hoje percebo que minha música é parte da vida deles, mas os dois têm com ela outra relação, diferente do resto do mundo.

À medida que os meninos cresciam, começou a existir um tipo de influência deles muito evidente na minha música. Lembro que, quando meus filhos entraram na adolescência, começaram a "ouvir" com uma frequência que eu já não ouvia mais. Compravam discos e ficavam ali, horas, só curtindo. No início da minha carreira, eu estava muito envolvido com a MPB e nunca me interessei pela música de fora. Só fui conhecer os Beatles, Bob Dylan e Rolling Stones, para citar alguns, com os dois. Foi um momento incrível: meu lance era ouvir Noel Rosa, mas, quando pintou o Dylan na minha casa, ele passou a ser um personagem na minha vida.

De repente, Chico começou a tocar bem. Aliás, muito melhor do que eu. Percebi que todos na minha família têm o

DNA da composição – e logo ele também começou a compor. O resultado do trabalho dele tinha, claro, influência da minha música, mas ainda mais dos americanos e dos estudos clássicos da mãe. E o que surgiu em Chico se evidenciou em João. Foi uma transição muito rápida entre o momento em que ele me ouvia e aquele em que eu olhava para suas coisas e pensava: "Pô, isso aqui eu vou fazer também". Assim como sinto com o trabalho de Bel e Antonia, o som deles me moderniza, e terem escolhido trilhar o caminho da música impediu que o meu trabalho como compositor envelhecesse. Almir Sater, velho parceiro, sempre levava Chico para a fazenda dele para que lhe fizesse base para tocar viola. Imediatamente ele também viu essa fusão musical nas composições de Chico.

Aí João ficou adulto. Eu tive por muitos anos a MCR, uma das maiores produtoras de *jingles* do País. Vivia ali dentro, dia e noite, mas nunca entendi o estúdio tecnicamente. Nunca sabia por que trocavam os microfones, o que é um circuito eletrônico. E meu caçula nasceu com esse dom. Além de músico, manja disso espetacularmente, e esse talento me possibilitou ter meu próprio estúdio. João, além de ser excelente técnico, tem uma postura de maestro, arranjador, produtor. Por isso não hesitei: joguei meu próximo disco na mão dele. Ele coloca dentro do meu trabalho uma nova informação, que o atualiza ao mesmo tempo que não agride meu formato.

A gente navega na música e sinto que damos um ao outro uma contrapartida. Tenho certeza de que a música brasileira é, muito mais do que o futebol, nossa maior expressão cultural. Carmen Miranda é a precursora de Lady Gaga e Madonna, e revolucionou o cenário musical. Depois mudamos tudo de novo com a bossa nova. Quando a gente faz uma decantação histórica e julga, vê claramente que, de todas as épocas, sobrou um monte de gênios. Isso sem falar ainda em Chico Buarque, perto de quem ninguém chega em termos de beleza dentro da música, ou no samba, o gênero mais bonito do planeta. Era o que eu queria fazer, aliás: samba. Mas sou ubatubano, não carioca. Não ia dar.

Meus filhos não seguem a mesma linha e para mim é folclore dizer que filho faz música igual ao pai e vice-versa. O DNA musical é muito pessoal e, a não ser que você decida se tornar um imitador, não vai fazer igual. Meus filhos seguem seus impulsos e o que sai dali é completamente diferente do que eu faço. Alguns gostam de afirmar que a música deles parece com a minha. Bom, dá para você olhar a minha música e achar parecida com a de outros. Afinal, tudo é música, tudo é a mesma coisa. No entanto, a diferença é impressionante e eu jamais conseguiria fazer o som que Chico ou João fazem. Eles vão por caminhos que eu não vou.

Creio que a tendência é sempre de que os filhos superem os pais. Vejo isso neles, pois aos 18 anos chegaram a um ponto aonde só cheguei aos 30. João e Chico estão tocando comigo e nosso combinado é: vocês tocam na minha banda, mas depois saem e fazem o seu próprio trabalho. Assim que começarem a fazer os próprios shows e ganharem projeção, assim que começarem a faturar o que faturam aqui, encerramos. Enquanto isso, eles estão fazendo a “faculdade” da estrada e já estão prontos para ela, absolutamente preparados para o ataque. Já manjam das malas, das caixas, do aeroporto, da estrada. Já conhecem o Brasil todo e estão absolutamente em casa. Logo mais o trabalho deles vai decolar, e minha banda continuará sendo minha banda. Nesses caminhos nos aproximamos pra caramba. Não temos mais aquela relação de casa. Além da rotina familiar, tipo “fez lição de casa ou dormiu bem”, temos outra coisa fenomenal: "Pô, como vamos resolver este arranjo? Como decidimos esta questão aqui do palco?". Isso enriqueceu muito a minha relação com eles e a relação entre os dois. Além disso, eles ganharam novos irmãos, pois a música aproxima as pessoas. Está tudo certo.

Estamos entrando agora na sexta geração de músicos, com os meus seis netos. Dois são Teixeira-Sater, pois houve um cruzamento das nossas famílias. Antonio, filho de Chico, desde bebê já começou a mostrar seu interesse pela música. Nasceu músico. Já Marina, filha de Antonia, é compositora. Está com dez anos e quero ver se logo mais fazemos um disco juntos. É por essa idade que se inicia mesmo: eu comecei a compor com nove anos. Não somos músicos exímios, creio, mas somos todos compositores.

Digo que os filhos são o maior investimento que fiz, pois todos eles me deram um grande retorno. Eu sou um acumulador de histórias, pois tenho tempo nas costas, mas eles ainda estão com as antenas levantadas, ouvindo tudo. Com eles, eu entro na canoa e fico sabendo de tudo – e tudo de que um compositor precisa é não envelhecer.

Na decantação citada pelo músico Renato Teixeira, ele certamente ficará "filtrado" por alguns dos sucessos que ainda são gravados e regravados ao longo dos anos, como "Romaria", "Amanheceu, Peguei a Viola" e "Frete", tema de abertura do seriado *Carga Pesada*. Sua carreira ganhou velocidade quando, no fim da década de 1970, a "baixinha" Elis Regina gravou *Romaria*. É pai da atriz Isabel Teixeira, de seu primeiro casamento, e dos músicos Antonia, Francisco e João. Com eles já trilhou, como diz em uma de suas canções, "cada palmo desse chão". O orgulho dos netos é evidente: todos, diz o avô, futuros compositores.

O papai faz biscoito

Ricardo Alcerito

Dia desses, vi Laura sentada no sofá, no colo da minha sogra. Elas tinham nas mãos um livro sobre biscoitos. A avó perguntou para a menina:

"Laura, o que é isso?"

"Biscoito."

"E quem faz biscoito?"

"Papai. O meu pai faz biscoito."

Parece bobagem, eu sei, mas a cena me emocionou, pois comprovou que cheguei aonde queria: minha filha sabia exatamente o que eu fazia. E era algo tangível, que ela podia tocar e compreender.

Amo quando Laura visita a fábrica da Sobremesas do Mundo. Ela chega ali, mexe em tudo, conversa com as pessoas. Está onde o pai dela trabalha e sabe o que ele faz. Não sei exatamente por que esse é um assunto tão importante para mim. Imagino que venha da minha experiência com meu pai. Eu sou um legítimo filho de "português dono da padaria". Meu pai herdou o negócio, que se manteve em funcionamento por 65 anos, de meu avô. Será que veio daí meu desejo de inventar produtos com farinha? Talvez. Mas a minha lembrança mais marcante é a de não tê-lo visto trabalhar. Nunca acordei junto com ele às 4 horas da manhã para ir fazer massa de pão, e essa distância ficou marcada em mim. Meu pai não nos levava com ele porque não queria aquela vida para os filhos, pois seu desejo era que fizéssemos faculdade e trabalhássemos em uma grande empresa. E foi o que eu fiz, até o momento em que minha esposa e eu decidimos que chegara a hora de formarmos nossa prole.

Nessa época, eu estava no auge de minha carreira como executivo de uma grande empresa. Comecei muito cedo, alcancei um posto alto e ganhava muito bem, muito mais do que poderia se me tornasse dono de meu próprio negócio, pelo menos durante os primeiros anos. Mas carecia de algo: tempo. Eu saía todo dia muito cedo de casa e voltava bastante tarde. Quando minha esposa começou a conversar comigo sobre o projeto de engravidar, enredei em reflexões – eu devia ter estudado filosofia, pois gosto de elucubrar sobre tudo. Fiquei pensando em como seria colocar um filho na minha rotina. Imaginei-me chegando do trabalho e minha esposa me contando que nosso filho deu seu primeiro passo ou disse sua primeira palavra. E eu perderia tudo isso? Percebi que precisaria mudar a minha rotina, mesmo porque já existia, em mim, esse incômodo de imaginar que ele não saberia o que faz o pai. "O que eu faço, filho? Bem, eu monto umas apresentações em PowerPoint e vou até pessoas convencê-las de que o que tenho a oferecer é bom", eu me via dizendo. Estava claro que eu teria de dar uma guinada e reinventar minha profissão para trabalhar com algo tangível, que pudesse colocar nas mãos da criança e dizer: "Olha, é isso aqui o que o papai faz".

Bem nessa época, um amigo me convidou para ajudá-lo a abrir uma empresa. Foi o que fiz por alguns meses, paralelamente ao meu trabalho. Quando o projeto terminou e ele abriu seu negócio, percebi que tinha aprendido como se estrutura um e que, portanto, estava preparado para montar o meu. Algum tempo antes eu tive uma ideia, que surgiu em uma viagem que fiz com minha esposa pela Europa. Ficamos hospedados na casa de um holandês que era casado com uma amiga brasileira e toda manhã, quando ele saía para trabalhar, deixava sobre a mesa duas xícaras de chá com uma bolacha chata e redonda sobre elas, que se chama *stroopwafel*. Achei aquilo fascinante – e delicioso.

Quando voltamos para o Brasil, procurei saber onde a fabricavam, e não encontrei: simplesmente não era produzida aqui. Acho que, daí, a farinha que devo ter no sangue falou mais alto. Fui conversar sobre a ideia com alguns amigos e eles me disseram:

"Ficou louco? Quer fazer biscoito? E vai vender onde, no farol?"

Mas eu estava certo de que queria fazer biscoito. E foi nessa época que minha esposa anunciou que estava grávida. Senti que era a hora exata de tomar as rédeas da vida nas minhas mãos. Minha esposa ficou temerosa com a decisão, mas a convenci: não daria para ter ao mesmo tempo flexibilidade de agenda e o salário que eu ganhava. Pouco tempo depois, abri a Sobremesas do Mundo.

Como planejado, a virada na minha carreira trouxe os resultados esperados e fico bastante tempo com Laura e também com Dora, que nasceu menos de dois anos depois. Defendemos que quem educa os filhos são os pais e, por isso, não contratamos babá: Cris, minha mãe, minha sogra e eu nos revezamos nos cuidados das duas. Normalmente estou encarregado das meninas no começo da manhã e a partir do fim da tarde. Em uma dessas manhãs, eu estava trabalhando em casa em meu computador com Laura aos meus pés, deitada no tapete. Eu estava concentrado e brincava com ela com os pés. Ela ainda não formava frases, mas já sabia me chamar. A cada "Papai, papai" eu dizia "Oi, Laura... é mesmo, Laura?". Ela começou a puxar o meu pé e dizer "Dá, papai, dá". Insistiu tanto que sentei no chão. Ela segurou o meu queixo e disse de novo:

"Me dá, papai!".

Daí entendi: ela estava pedindo a minha atenção. Não queria que eu ficasse distraído com outra coisa, queria o olho no olho. Ficamos juntos alguns minutos, ela se acalmou e pude voltar ao trabalho. Foi assim que aprendi a importância do olhar e da atenção, ainda mais para a criança. Levei esse aprendizado para minha vida profissional e hoje, quando estou em reunião com quem quer que seja – funcionário, fornecedor, cliente ou amigo –, faço questão de mostrar que minha atenção está presente, desligando o celular e o colocando sobre a mesa. É meu jeito de dizer ao outro "Estou aqui com você", e as pessoas se sentem respeitadas, o que resulta em um relacionamento mais tranquilo.

Com o nascimento das minhas filhas, meu temperamento mudou. Minha antiga intolerância se reduziu expressivamente – eu era aquele tipo que se irritava se alguém ficasse parado no lado esquerdo da escada rolante do metrô, por exemplo – e tenho outro comportamento no trânsito. Também me tornei mais paciente com as pessoas, pois aprendi que nem todo mundo pensa como eu ou na mesma velocidade. Entendi a importância de fazer que sintam que a sua participação é importante, seja no trabalho, seja dentro da família. E, principalmente, reaprendi a me deslumbrar – a cada novo evento da vida, seja ele o descobrir das mãos ou os primeiros passos, vibro como criança novamente.

Ricardo Alcerito Antunes Roque tem duas filhas: Laura, nascida em 2010, e Dora, em 2011, do casamento com Cristina, que é coordenadora administrativa de redação na Editora Abril. Ele é formado em Administração de Empresas, pós-graduado em Marketing, com MBA em Administração Comercial, e proprietário da empresa Sobremesas do Mundo, cuja fábrica fica em São Paulo.

Sem protocolos

Rodrigo Lombardi

Esse tal de amor incondicional é mesmo muito louco. Rafael chorava muito quando bebê, me deixava exausto e me obrigava a largar tudo só para pensar nele – e nada disso me incomodava de verdade. Desde que meu filho nasceu, estou aprendendo a aproveitar melhor todos os momentos, deixando de lado os protocolos impostos pela vida em sociedade e curtindo os acontecimentos mais inusitados. Um dia, levei um banho de xixi: minha mulher estava trocando a fralda na nossa cama, no meio da noite, e ele não resistiu. Morri de rir, ele também. Desde esse episódio, eu fiquei pensando que um dia essa farra vai acabar, ele vai crescer e tudo mudará. Por isso, aproveitar cada momento se transformou em um lema para mim.

Na correria do dia a dia e com a preocupação de tantos prazos a cumprir, a tendência é entrarmos na roda-viva sem perceber. A partir do momento em que Rafael nasceu, me dei conta de que esses protocolos são secundários e as máscaras que usamos caem na presença daquele pequeno ser que acabou de chegar. Com ele sou eu mesmo, inteiro, revelado.

Acho que essa revolução não aconteceu por acaso. Desde os meus 15 anos eu sonho ser pai. Lia livros sobre isso e vejo que estava, na verdade, me preparando para viver essa experiência. Rafael nasceu no momento certo, na hora em que a minha vida profissional melhorou, embora me ressinta de, por conta do volume de trabalho, não ter tanto tempo quanto gostaria para ficar ao seu lado. Por isso mesmo, sou daqueles pais que não abrem mão de nada, nem de dar banho ou trocar fraldas. Tudo por esse sentimento sem igual.

Rodrigo Lombardi é ator e de seu casamento com Betty Baumgarten teve o filho Rafael, nascido em 2008. Estreou na televisão em 1978, na novela *Meu Pé de Laranja Lima*, e participou de *Bang Bang*, *Caminho das Índias*, *Salve Jorge* e *Meu Pedacinho de Chão*, entre outras. Começou sua carreira artística no teatro, no Grupo Tapa. No palco atuou em *A Mandrágora* e *Ricardo III*.

História feita em casa

Ronaldo Fraga

Ludovico e Graciliano têm uma ligação especial com os processos de nascimento e de morte – como fiquei órfão muito cedo, eles cresceram com um grande medo de me perder. Creio que é por isso que os dois sempre pedem que eu conte histórias da minha infância, especialmente as que dão medo, como a de uma mão cabeluda que assombrava minha imaginação quando era pequeno. Ivana, minha mulher, tenta narrar as dela, mas o argumento da dupla é sempre o mesmo:

"Mãe, você tinha pai e mãe. O papai não, coitadinho."

Essas conversas ao pé da cama substituíram um pouco os livrinhos, mesmo porque, míope que sou, tenho dificuldade de ler para eles à noite. Ao relatar minhas próprias aventuras do passado, transmiti a minha história e de nossa família e resgatei minha biografia. Esses são aprendizados que ocorrem de maneira simples e que não quero esquecer nunca, pois me beneficiam em muitos aspectos, inclusive no meu processo de criação. Não poderia desejar melhor presente.

Com eles, aprendi a olhar o fantástico, enxergar o extraordinário que há no ordinário – e também a ouvi-los. Quando nos mudamos para a casa onde vivemos, começamos a encontrar, no escritório, o cocô de algum bicho. Ali havia uma janela que ficava no nível do jardim. Ludovico, então com três anos, olhava as bolotas e afirmava: "É do 'cocodilo', meu amigo". Ninguém dava a menor bola. Depois de algum tempo, encontramos uma iguana imensa escondida atrás dos móveis. "Eu não disse?", ele confirmou, orgulhoso. Outra cena que tenho congelada na memória é da época em que moramos em Belo Horizonte. Ouvíamos sempre o trem passar ao longe e o acompanhávamos observando sobre o muro baixo. Todos os dias a mesma cena se repetia, com Ivana e eu erguendo as crianças para elas darem tchau para o trem. Nasceu daí uma relação de afeto com as locomotivas que nunca acabou e, por muitos anos, nosso passeio favorito do fim de semana era andar de metrô.

Como não temos computador, televisão ou videogame em casa, usamos o tempo para criar e contar nossas histórias. Sempre fiz todos os tipos de exercício para manter a memória viva, inclusive escrever, toda semana, um poema no quadro-negro da cozinha. A sensação que tenho com eles não é de aprender algo novo, mas de recuperar o que havia perdido com os anos, esse maravilhoso respeito pela memória. Então, tento retribuir um pouco a lição, não deixando que eles se esqueçam de mim. Estou sempre preocupado com a maneira pela qual serei lembrado como pai. Afinal, não consigo me lembrar da minha vida sem meus filhos: depois que eles entraram na minha história, ela nunca mais foi a mesma.

Ronaldo Fraga é estilista e empresário. Com Ivana Fraga, sua esposa e sócia, teve dois filhos: Ludovico, nascido em 2002, e Graciliano, nascido em 2004. Formado em estilismo na Universidade Federal de Minas Gerais, viveu anos no exterior, conquistou diferentes prêmios e desenvolveu sua própria marca, que leva seu nome.

Feliz Dia das Mães, papai

Ronnie Von

Quando me separei da mãe de Ronaldo e de Alessandra, eles tinham seis e sete anos. Os dois nasceram no mesmo ano, um em 2 de janeiro, outro em 2 de dezembro. Virei pai e mãe numa época em que era raro o homem ter a guarda dos filhos. Com essa responsabilidade, eu me envolvi com as obrigações chamadas femininas e fui, de fato, uma "mãe de gravata", conforme o apelido que recebi. Fui "boazinha", fui "repressora" e muitas vezes coloquei a mão na testa, me joguei no sofá e escancarei o drama:

"Vocês não valorizam o meu sacrifício!"

Aprendi a enxergar o mundo com olhos absolutamente femininos. Conheço rendas e bordados. Minha mãe, que estudou na Europa, acreditava que um cavalheiro deveria saber lavar, passar, arrumar e cozinhar e que, para mandar, era preciso saber fazer. Eu era, de fato, ótimo para comandar uma casa, mas criar filhos era outra história. Acho que o grande erro de quem tem formação acadêmica é acreditar que tudo está nos livros. Eu não fui diferente. Quando me vi pai e mãe ao mesmo tempo, corri para ler o método do educador Jean Piaget, que basicamente prega o "pode tudo". Comecei a criar uns monstrinhos e fui para o lado oposto, do "pode nada".

Na busca para educá-los da melhor forma, aprendi que o erro induz ao acerto, que a vida é harmonia e equilíbrio. No início, as crianças me passaram isso de forma silenciosa. Mais tarde, quando tinham entre nove e dez anos, começaram a expressar verbalmente suas opiniões. Hoje sei que teria sofrido menos se tivesse ouvido mais o que eles me diziam.

Os filhos são sábios. O problema está nos pais acharem que eles não sabem nada e por isso, estupidamente, não os ouvem. Quando crianças, temos um poder extrassensorial, uma intuição, uma extrema sensibilidade que foge dos parâmetros normais que conhecemos. Quebrei a cara todas as vezes que fiz algo que eles me aconselharam a não fazer, ainda mais em relação às mulheres. Fui marcado por desacertos afetivos, vítima de muitas traições. Às vezes eu encontrava uma moça aparentemente impecável e Alessandra dizia:

"Pai, ela não é legal."

O tempo se encarregava de mostrar que não era mesmo.

Com Leonardo, meu caçula, aprendo ainda hoje a controlar minha ansiedade. Quando estou desesperado com um problema, ele me diz:

"Não sofra por antecipação, pois seu pesadelo talvez nunca se concretize."

Ouço isso e imediatamente meu nível de preocupação diminui. Tanto ele como Ronaldo dão palpites nos meus negócios e sempre acertam. Todos os filhos são proféticos, não apenas os meus.

Um ano depois de ter me separado, em 1979, enfrentei uma forte crise de estresse que me deixou muito doente. Eu não tinha ideia de como criá-los, estava apavorado. Porém, logo aprendi que temos competências camufladas que se tornam visíveis na hora do desespero ou da necessidade, e que tudo acontece a seu tempo. Prova disso é a minha história com Cristina. Eu a conheci ainda na infância, mas foi só em 1986, quando eu estava com 42 anos e já passara pelo segundo divórcio, que pudemos viver o romance da nossa vida. Cristina diz que se apaixonou por mim aos 11 anos e me esperou por mais de 20.

Ela é decoradora e eu a havia contratado para cuidar da reforma da minha casa em São Paulo. Na época, estava fazendo um *show* em Buenos Aires e a convidei para se encontrar comigo a fim de vermos juntos uma exposição de Salvador Dalí. Na volta, nossos familiares, normalmente tão comportados e formais, fizeram a maior festa no aeroporto, tamanho era o desejo de todos em nos ver juntos. Fomos para minha casa deixar as malas e, quando me preparava para acompanhá-la ao seu apartamento, Alessandra e Ronaldo – na época com 16 e 15 anos respectivamente – balançaram a chave na frente dela e disseram:

"Daqui você não sai nunca mais."

Em junho de 1987, nasceu Leonardo e, com ele, uma nova lição de vida. Custei a entender qual seria o meu papel. Pela primeira vez em muitos anos, eu poderia ser somente pai. E isso me doeu. No Dia das Mães daquele ano Cristina estava grávida e as crianças pela primeira vez não me deram presente nem me cumprimentaram pela data especial. Eu havia chegado de viagem e fiquei aborrecidíssimo com a situação. Demorei a entender que era mais uma lição que meus filhos me davam: eles agora tinham uma mãe que não era eu e, assim, eu estava sendo definitivamente alçado para o cargo de pai. Só pai. Cedi o posto, mas não sem um dramalhão, que aliás funcionou: ainda hoje, no segundo domingo de maio, recebo de Alessandra um presente com um cartão, no qual ela diz:

"Para não perder o costume, feliz Dia das Mães, papai."

Ronnie Von é cantor, ator, empresário e apresentador do programa *Todo Seu*, da TV Gazeta desde 2004. Tem três filhos: Alessandra e Ronaldo (nascidos em 1970), fruto do casamento de 12 anos com Aretusa, e Leonardo (nascido em 1987), com a mulher Cristina Von, com quem se casou em 1986. O príncipe, apelido que ganhou em 1966 e que o acompanhou por muitos anos, estreou como cantor em 1965 na antiga TV Excelsior do Rio de Janeiro. Entre seus maiores sucessos estão *Meu Bem*, *A Praça* e *Tranquei a Vida*. Em 1995 lançou o livro *Mãe de gravata*, sobre sua vida com os filhos.

O fim da tragédia grega

Rosamaria Murtinho

Eu não conhecia outra forma de enfrentar nossos problemas financeiros que não fosse transformar a situação em uma tragédia grega – até viver esse episódio. Trabalhávamos meu marido e eu na Rede Tupi, que frequentemente atrasava os pagamentos dos funcionários, e tivemos de ir ao colégio das crianças negociar o pagamento das mensalidades, além de atrasar as prestações da compra de nossa casa. Meus filhos tinham, nessa época, sete, oito e nove anos. Entraram na sala enquanto eu discutia o problema com Mauro e declararam:

"Sabemos que vocês estão passando por dificuldades financeiras e queremos dizer que não precisamos de tênis novos. Iremos para a escola com os velhos mesmo."

Naquele dia aprendi com eles que com inteligência encontraríamos sempre a solução.

O bom humor dos três sempre me ensinou lições importantes. Antes de ser mãe, era muito séria, e a convivência com eles me fez enxergar o lado engraçado da vida, deixando de lado tanto drama. Lembro que certa vez Maurinho, brincando pela casa, quebrou um espelho lindo que eu acabara de emoldurar. Ele caiu na gargalhada e, quando vi que não estava machucado, também ri, uma cena impensável antes do nascimento deles. Eles me ensinaram a ser menos autoritária: filhos pedem limites, não imposições.

Sob a proteção da solidariedade, outro traço marcante nos três, aprendi que coisas ruins acontecem, mas é possível ultrapassar os obstáculos da vida de forma serena. A solidariedade sempre permeou suas atitudes, mesmo em situações que ainda não conseguiam compreender. Entendi isso no dia em que um de nossos amigos faleceu em nossa casa e eles foram obrigados a ficar com a vizinha, aguardando enquanto Mauro e eu resolvíamos o assunto. Em nenhum momento reclamaram, simplesmente aceitaram a situação. Com eles descobri que posso, simplesmente me espelhando em suas atitudes, ser uma pessoa melhor.

Rosamaria Murtinho é atriz e tem três filhos com o ator Mauro Mendonça: o músico João Paulo (nascido em 1963), o ator Rodrigo (nascido em 1964) e o diretor Mauro Mendonça Filho (nascido em 1965). Estreou por acaso no teatro, de onde nunca mais saiu, e deixou para trás seu plano de ser bailarina. Fez carreira na televisão, com mais de 50 atuações em novelas e minisséries.

Como nossos pais

Sandra Corveloni

Foi durante a gravidez de Orlando que aprendi a dar mais valor à vida. Eu era inconsequente, maluquinha, não media o risco das situações e refletia pouco sobre o que era certo ou errado. A chegada dele me transformou completamente – passei a cuidar mais de mim e a me preservar, pois sou responsável por ele. Hoje presto mais atenção ao atravessar a rua, ao dirigir, ao me alimentar; estou atenta até aos meus hábitos de leitura e aos programas a que assisto na televisão. Filho capta tudo, especialmente o que tem importância para você.

Assumo: eu vivo com a cabeça no mundo da lua. Muitas vezes ouço a vozinha dele lá longe:

"Mãe, mãe, em que planeta você está?"

Antes de engravidar, fazia isso em qualquer lugar. Hoje, luto para ficar com os pés no chão. Só mesmo Orlando para me conectar com o presente. Nos momentos de cansaço ou frustração, trocamos os papéis, e daí é ele quem lê para mim e me cura dos meus momentos de melancolia.

Além de âncora, percebi que meu filho é um gravador permanentemente ligado. Certo dia, ele me perguntou por que tem gente que corre tanto no trânsito, enquanto outros dirigem devagar. Eu respondi que algumas pessoas não têm compromisso urgente, enquanto as apressadas podem, por exemplo, estar atrasadas para o trabalho ou preocupadas porque os filhos estão esperando na porta da escola. Cada um tem a sua razão e, como não podemos saber o que acontece na vida de cada pessoa, não podemos julgar suas atitudes. Pois bem. Dois anos depois, levei uma "fechada" no trânsito quando estávamos a caminho da escola. Não tive dúvida: parei, desci do carro e fui discutir com a outra motorista. De volta ao meu lugar, um sermão me aguardava:

"Mamãe, você não pode fazer isso. Não sabe se ela está atrasada ou nervosa porque o filho está esperando na porta da escola. Você não devia ficar assim brava com ela."

Maior lição de moral. Repetiu as mesmas palavras de tanto tempo atrás sem se esquecer de nada. Pedi desculpas, expliquei que perdera a cabeça e que isso não se repetiria.

Em situações como essa, percebo que ao me tornar mãe passei a querer ser uma pessoa melhor, a buscar ter mais consciência dos meus atos. Não acredito que tenhamos de aceitar que somos de um jeito e ponto-final. Não, precisamos modificar o que temos de ruim. Como nosso comportamento se reflete no de nossos filhos, a mudança se torna até mesmo uma responsabilidade de evolução.

Sandra Corveloni é atriz e diretora. De seu casamento com o professor italiano Maurizio de Simone teve um filho, Orlando, nascido em 2002. Vencedora da Palma de Ouro na 61ª edição do Festival de Cannes, em 2008, pelo filme *Linha de Passe*, é integrante do Grupo Tapa, no qual atua, ensina e faz assistência de direção.

Iguais na diferença

Sérgio Basbaum

Luiza, minha filha mais velha, nasceu em 2000. A paternidade só me alcançou aos 35 anos e recebi nos braços um bebê sorridente que me ensinou a ser pai, o que é um enorme desafio. Lembro que, quando minha esposa e eu estávamos no carro saindo da maternidade e indo para casa com ela, eu dirigia a 30 quilômetros por hora e achava que estava indo rápido demais. Passei dias flutuando, sem saber direito onde estava.

Depois de mim e de Tereza, Luiza foi a primeira pessoa a receber a notícia de que Félix, seu irmãozinho caçula, havia nascido com a chamada Síndrome de Down. Na hora, ficou assustada, pois havia uma menina com a mesma condição na classe dela na escola e que, um pouco agressiva, vivia batendo nos outros.

"Ele vai querer me bater?", nos perguntou.

"Claro que não", garantimos.

E, de fato, Félix é um menino da paz, recebe da irmã muitos cuidados, os quais retribui com um amor imenso.

A chegada de Félix foi uma aventura. O parto foi acompanhado por um médico-cirurgião, pois a médica que fizera a ressonância magnética estava certa de que ele nasceria com um grave problema na bexiga, o que causou certa correria e forçou a antecipação do parto em duas semanas. Por fim, ela estava errada e, no dia seguinte, fomos comunicados a respeito da Síndrome de Down. Assim que você ouve o diagnóstico, percebe que entrou em uma história que não tem *script*. Não há nada para pensar, nada para chorar, apenas aceitar, acolher e curtir – e qualquer outra alternativa tem de ser arrancada do coração. Aprende-se a viver um dia de cada vez. Ele precisou ficar 20 dias na UTI e nós íamos para lá diariamente, e desde ali começamos a entender como lidar com a síndrome.

Creio que meu papel como pai é ajudar meus filhos a encontrar o seu espaço na vida, de forma que possam realizar todo o seu potencial, que tenham a oportunidade de se desenvolver o máximo que puderem, que construam um mundo e se sintam amados dentro dele. Claro que me pergunto como será quando Félix tiver consciência de que algumas situações são mais difíceis para ele do que para outras pessoas, ainda mais em um mundo tão competitivo como este em que vivemos.

No entanto, vejo que essa não é uma questão no mundo dele. Outro dia, ouvi que em uma competição esportiva envolvendo jovens com Down um atleta caiu durante uma corrida e todos os competidores imediatamente pararam de correr. Essa é uma lição para nós, bobões que vivem na "cultura da fila" gritando "Agora é minha vez!", e passam a vida querendo chegar em primeiro lugar.

Com meus filhos, aprendi uma nova forma de ver as circunstâncias. Entendi que é besteira brigar por uma única forma de viver ou sentir, e essa é justamente a riqueza do mundo – e a história bíblica da Torre de Babel nos mostra que nunca mais teremos acesso a essa tal "verdade única", se é que ela um dia existiu.

Cada pessoa é singular e sermos todos diferentes nos faz iguais. Aparentemente, alguns têm mais recursos para sobreviver e para lutar no mundo tal qual nossa cultura o construiu, o que não significa que estejam mais preparados para ser felizes. Precisamos reaprender a viver em roda, segurando uns na mão dos outros, e a pensar que o mundo é "todo mundo", que nunca sou "eu" sozinho.

Luiza se aproxima da adolescência e minha única certeza é de que é preciso construir com ela uma relação forte e confiável. Não acredito que filhos tenham de dividir tudo com os pais e me incomoda saber que existem escolas em que a família pode acompanhar, por câmeras, tudo o que a criança faz ao longo do dia. Acho isso uma loucura: é preciso haver privacidade desde pequeno, pois ninguém é dono de ninguém. Confiança é o mais importante, ainda mais em um mundo complicado como o de hoje. Insisto na importância dos prazeres individuais e abomino a pressão pelo sucesso. Também acredito que a coisa mais importante da vida é ajudar os filhos a construir sua saúde mental, o que só se faz com confiança.

Você tem de saber que passará por muitas coisas, e elas realmente precisam passar por você e ir embora, senão você permanece travado. Sempre acreditei que é necessário fazer o máximo por eles sem, no entanto, se anular – afinal, você tem de dar o exemplo de uma pessoa realizada no mundo. Tem de manter o equilíbrio e correr atrás do seu sonho, porque esse é o melhor exemplo que pode dar para seus filhos. Dessa forma, o filho entende que ele também pode conquistar o que quer e viver a vida com encantamento. Porque, acredito, a vida deve ser vista como algo mágico, muitas vezes incontrolável e resultado de um mistério para o qual temos de trabalhar a nós mesmos para viver.

Precisamos prestar atenção aos filhos. Sou filho de uma pedagoga e brinco que eu e meus irmãos não crescemos: fomos experimentos educacionais. Mesmo assim, minha mãe nos deu uma base sólida e pude inventar meu lugar no mundo a partir da minha educação, embora siga me reeducando vida afora. Não concordo quando o discurso da pedagogia diz que criança é assim ou assado, de um modo genérico – para mim, existe esta e existe aquela criança. Todas são diferentes.

E afinal, como você vai lidar com tantas variáveis? Dando amor, o que nem sempre é simples. Afinal, amor é dar limite ou não? É ensinar rigidamente uma tradição ou mostrar a qualidade do mundo? Então, talvez a ideia seja mostrar que a vida exige muita coragem e que a gente vai estar junto para enfrentá-la. Eu quero que eles sejam capazes de ser felizes, esse é o ponto. Capazes de amar, de se fazer amar, de dividir, de conquistar, de saber o que querem e ter coragem de sonhar e buscar o sonho, mesmo sabendo que às vezes não entendemos bem o que a vida espera da gente. Capazes de saber o que é certo e errado, respeitar para ser respeitado. Valorizar-se e acreditar em si mesmo. Isso tudo tem de ser construído, pois a vida muitas vezes vai derrubá-lo e você precisa ter a si mesmo para se apoiar.

Temos de confiar que tudo dará certo, mas também temos de saber o que queremos: a vida impõe o desafio de nos conhecermos e entendermos nossos desejos. Sempre brinco a respeito da alegoria do gênio da literatura árabe que surge para satisfazer três pedidos. Digo que, se souber o que quer,

gênios não serão necessários. Talvez precisemos tão somente buscar a graça da vida, esteja ela onde estiver.

Sérgio Basbaum é pai de Luiza (nascida em 2000) e Félix (nascido em 2006), filhos do casamento com a designer Tereza Loparic. Formou-se em Cinema na Escola de Comunicação e Artes da Universidade de São Paulo (ECA-USP), fez mestrado e doutorado em Comunicação e Semiótica na Pontifícia Universidade Católica de São Paulo (PUC-SP), e pós-doutorado em Filosofia na Universidade Estadual de São Paulo (Unesp). É professor e pesquisador do Programa de Pós-Graduação em Tecnologias da Inteligência e Design Digital (TIDD) na PUC-SP e músico. Ele descreve, com a graça que encontrou na vida, que a chegada dos filhos foi uma "experiência mágica".

Um dia passa

Soninha Francine

Com cada filho eu escrevi uma história, com momentos de leveza e de tragédia, mas também com um aprendizado para ser levado para tudo: mesmo o que há de pior, de mais trágico em nossa vida, um dia passa.

Engravidei de Raquel quando eu tinha 15 anos. Naquela época, camisinha era coisa para ser usada na "zona" e não se cogitava como método anticoncepcional. Na minha casa, minha mãe achava a pílula um horror e acabei sendo influenciada por essa impressão. Ela dizia isso sem nenhum tom de machismo por trás – ao contrário, era uma feminista legítima. Por isso me restou o famoso método da tabelinha. Que, claro, um dia falhou.

Apesar de eu ser tão nova, essa gravidez foi muito comemorada: eu vivia um namoro superlegal e estável com Roberto, que tinha então 22 anos, e já sabíamos que queríamos ficar juntos e formar uma família. Claro que foi dramático, afinal eu estava no colegial e queria fazer faculdade, e meus planos foram para o brejo. Tive de enfrentar muita gente, desde o diretor e os professores da escola até minha avó. A repercussão foi enorme, como sempre é nesses casos. O mais surpreendente foi que minha mãe se opôs a que nos casássemos. Acho que ela encarou a gravidez como uma bandeira, pois defendia que eu deveria ter meu filho sem me casar, como uma demonstração da autonomia feminina. Mas havia um porém: a gente queria se casar. Não porque era certo ou errado, e sim porque queríamos morar juntos e construir uma vida em família.

Vivi com minha mãe até que minha avó intercedeu por nós – afinal, para ela, era importantíssimo que eu me casasse. Ela tinha uns apartamentos que alugava, como forma de renda, e determinou: se minha mãe deixasse a gente se casar, ela nos daria um deles para morar. Minha mãe topou, minha avó deu a massa corrida e as tintas para que déssemos um jeito nele. E precisava de uma baita reforma, porque havia passado por uma inundação. Lá fomos nós, eu, Roberto e um bando de amigos ajudando.

No fim, deu um trabalhão que não esperávamos e não acabávamos nunca – e eu já estava nas últimas semanas de gravidez. Raquel nasceu à noite, e eu havia passado o dia todo pintando paredes. Era uma noite gostosa de verão e Roberto, vendo o meu estado, me convidou para ir comer uma pizza. Eu estava esgotada e pensei: se esse nenê resolver nascer hoje, vai ter de fazer força sozinho. Pedimos o carro da minha mãe emprestado para chegar à pizzaria, mas o motor se recusou a funcionar. Fomos a pé, e era longe. No caminho, comecei a sentir muitas contrações. Como tinha feito curso de parto, sabia que só deveria dar atenção às contrações se fossem ritmadas. De tempos em tempos, eu pedia para pararmos e apertava forte a mão dele. Chegamos lá, pedimos a pizza e eu só pensando: "Caramba, esta dor está muito forte!". Resolvi ir ao banheiro. E lá me lembrei de que essa vontade de fazer força para baixo significava alguma coisa. Voltei e pedi:

"Podemos ir para a maternidade agora?".

Ele levantou na hora. Mas, antes, fomos ao balcão e pedimos:

"Precisamos muito usar seu telefone. Quanto à pizza, pode embrulhar para viagem?".

E de lá saímos com uma pizza para viagem nas mãos. Ligamos para minha mãe e todos nós nos reunimos ali perto, na casa do meu avô, pois ele tinha carro, e fomos todos para a maternidade. Lá, mal houve tempo para os procedimentos de pré-parto.

A primeira filha é fogo – e eu não estava preparada para isso. Sempre gostei muito de crianças. Fiz magistério, trabalhei em creche e escolinha, tomava conta dos primos. As crianças me adoravam. Por isso, nunca teria me passado pela cabeça que teria tanta dificuldade. Raquel foi daquelas crianças que não param de chorar por causa de cólicas. Foram seis meses ininterruptos de choro e acreditei que nunca mais teria uma vida normal. Eu não dormia, não conseguia comer direito. Não tinha distração – não tínhamos nem TV em casa – e nenhum momento de calmaria. Tinha certeza de que nunca mais viajaria, nunca mais faria um programa de adulto, nunca mais teria uma vida normal. Mas um dia passou. A gente sempre sonhou em ficar um tempo encasulado, só curtindo nossa pequena família, e isso não é possível entre duas pessoas exaustas e desanimadas. Foi um período muito duro.

Mesmo assim, quando eu tinha 19 anos, tivemos Sarah. Eu cresci com meu irmão e não queria ter uma filha única. Com ela tudo teria sido mais tranquilo se não fosse a depressão pós-parto abissal em que entrei. Demorei a entender o que era, pois acreditava que fosse exaustão e a tristeza pelo casamento, que estava cada dia mais tenso. Tudo se tornou um horror.

Lavar o cabelo era um esforço impossível, subir um degrau de escada não fazia nenhum sentido. Era uma época em que não se falava sobre depressão e se começava a entendê-la como uma doença. Caiu a ficha quando um dia, no metrô, estava lendo o jornal *Metrô News* e havia uma tabelinha de teste para depressão: se você se encaixasse em três sintomas, era depressivo. Eu me encaixei em oito. Aí eu entendi, não tinha como negar. Lembrei-me de uma amiga que havia sofrido com isso e liguei para ela.

Fui procurar tratamento. Demorei para aceitar, porque com Sarah, ao contrário de Raquel, eu não estava tendo problemas para amamentar e não queria parar. Um dia pensei: se a "mãe de Sarah" morrer, será pior. Foi um drama cortar a amamentação, mas não podia continuar, por causa da medicação. Mais uma vez, o que parecia infindável chegou ao fim. Acabei me tornando uma superconsultora de depressão, e muitos amigos vinham até mim para pedir conselhos. Lembro que um amigo veio me contar que sua filha estava depressiva.

"E o que você diz para ela?", eu perguntei.

"Que seja forte e supere o problema", ele respondeu.

Dei uma bronca.

"Imagine que você esteja com uma dor de dente brutal e alguém lhe diga: 'Aguenta firme que isso passa!' Não vai passar."

Eu levava uma vida muito dura e meu casamento ia mal. Eu queria voltar a estudar e trabalhar, mas estava sozinha para cuidar das meninas. Na época, Roberto ganhava o equivalente a um salário mínimo de hoje. Vivíamos sem TV, sem lazer, sem máquina de lavar. Eu passava duas horas por dia no tanque, lavando fraldas de pano, as roupinhas das duas e as nossas. Era uma vida cansativa e solitária, e nas brigas eu dizia a ele que nunca poderia entender o que eu sentia, pois não sabia como era minha rotina nem a das meninas. Não teve jeito, e nossa ruptura foi muito dramática. A gente já estava separado na prática e eu comecei a namorar. Ele não aceitou, saiu de casa e levou com ele Raquel e Sarah. Voltou poucos dias depois, desculpou-se e disse:

"Você tem razão. Eu não convivi com nossas filhas, mas quero fazer isso agora."

Eu concordei. Achei que era hora de ele entender o que significava passar o tempo inteiro preocupado com coisas que parecem banais: se o uniforme está limpo e seco, se há lanche para a escola. Saí do apartamento, uma vez que ele existia para elas, aluguei uma quitinete para mim e combinamos que eu as pegaria nos fins de semana. Comecei a trabalhar como louca na MTV. Aí veio o inesperado: elas queriam cada vez menos ficar comigo, até chegar o dia em que simplesmente não queriam mais vir. Vivíamos em guerra, e toda sexta-feira era uma luta pelo telefone. Eu, em pleno escritório, me descabelava tentando convencê-las. Fiquei muito frustrada porque, de repente, percebi que elas haviam se tornado tudo o que eu as havia educado para não ser: ligadas a objetos, marcas, status. Lembro-me bem de quando, certa vez, elas me disseram, em um tom arrogante:

"Por que você trabalha na MTV e não na Globo?"

Que decepção. Além disso, elas me chamavam de Sônia e passaram a reservar o "mãe" para a então mulher de Roberto. Acreditei que as havia perdido para sempre e levei um tempão para entender que tudo na vida são fases.

Então tive a ideia de chamá-las para morar comigo por um ano. Um único ano. E aconteceu, principalmente por causa de duas coisas: o pai iria se casar e achou que era hora de ter um tempo só para o casal, e comecei a namorar Marcelinho, pai de Julia. Elas estavam, então, com nove e 11 anos, e gostaram dele à primeira vista. Assim, vieram morar com a gente por causa disso e também porque assim fariam um "favor" para o pai, que as estimulou a vir.

No início, a convivência foi difícil pra caramba. Mas as coisas aos poucos foram melhorando. Elas estavam em uma escola superlegal, Marcelinho era um amor com as duas e logo começamos a viver em um astral muito bom. Na escola, quando as amigas viram quem eu era, correram para perguntar:

"Vocês são filhas da Soninha, da MTV?"

Caramba! Depois disso, elas começaram a ver meu trabalho de um jeito completamente diferente. Foi um período tão bacana que eu tive esperança de que, passado esse ano, elas decidissem ficar comigo. Nova decepção: elas foram irredutíveis e voltaram para a casa do pai. Mesmo assim, esse ano foi importantíssimo, pois marcou o fim das hostilidades e diminuímos o vácuo que havia entre nós. Mais tarde, quando Raquel entrou em uma faculdade perto da minha casa, veio morar com a gente e foi uma época muito feliz da nossa vida.

Mais uma vez, o drama ficou para trás. O casamento com Marcelinho estava bacana e engravidei de Julia. Aí rolou uma reviravolta profissional: a MTV resolveu me tirar do ar porque eu estava grávida, alegando que eu influenciaria as adolescentes. Não deu para entender. Afinal, eu estava casada e tinha 30 anos, como influenciaria mal o público? Entrei no limbo, e nele estava quando Julia nasceu. Eu estava feliz da vida porque não tive problemas para amamentar.

Até que, no segundo mês de amamentação, tive mastite. Foi um sofrimento terrível. Eu continuava dando de mamar porque diziam que ia ajudar. Passei um mês tomando anti-inflamatório, com febres de 40 graus. Fiz duas punções, até que o médico me recomendou interromper a amamentação. Drama! Chorei uma noite inteira. Sonhei tanto em ter leite e, quando tive, fui obrigada a interromper a amamentação.

Passaram-se sete anos até que vivêssemos o terror que nenhum pai quer viver: recebemos o diagnóstico de que Julia sofria de leucemia. Marcelinho e eu ficamos bestificados. Morremos de medo. Eu me culpava, pensando que havia demorado demais para perceber a doença. Quando ela foi diagnosticada, passamos o dia no pronto-socorro e Julia foi, por fim, internada. Só um adulto poderia acompanhá-la, e o pai decidiu ficar – para ele, foi muito mais difícil lidar com o assunto.

De manhã, na hora de ir para o hospital, quase não me reconheci no espelho, depois de uma noite inteira de choro. O sentimento de impotência é terrível. Pela primeira vez, não haveria nada que eu pudesse fazer para amenizar o sofrimento de Julia. Não dava para fazer uma massagem para diminuir uma dor, nem dar um remedinho. Nada adiantava, tudo dependia de fatores externos. Eu não parava de pensar no que aquilo poderia representar. O que seriam daqueles sete anos de doçura que vivemos juntas? Mas havia uma coisa que eu poderia fazer: ficar forte para estar ao lado dela. Essa foi a decisão que tomei. Assim, cheguei ao hospital no dia seguinte com óculos escuros, para a surpresa de Julia, alegando que havia machucado o olho. Nessa época, eu estava afastada da ESPN, pois me dedicava à campanha de vereadora. Liguei para o assessor e avisei:

"Desmarca tudo. Não vou mais a lugar nenhum. Continuo concorrendo, mas a campanha acabou."

Soube que fui eleita poucos dias depois, quando estava no hospital. Eu estava vivendo em um universo paralelo. Julia se tornou o ser mais frágil do mundo, e também a figura mais estoica que já vi. Foram três meses de tratamento, inúmeros momentos de muito medo nosso e muito sofrimento da parte dela. Ela teve leucemia mieloide do tipo 3, para a qual felizmente os chineses desenvolveram um remédio. É uma doença que atinge mais adultos do que crianças, e o tratamento exige internação.

No caso de Julia, o maior risco estava justamente no tratamento, que poderia resultar em hemorragia interna ou trombose, pois a medicação afeta a coagulação do sangue, para mais ou para menos. Isso exigiu um controle diário, para o qual era necessário colher sangue quatro vezes ao dia. O pior é que ela não poderia usar um *bypass*: a cada exame era um novo furo. O comportamento dela foi incrível. Raramente se revoltava. Durante os três meses de quimioterapia, ela teve enjoos terríveis e, quando veio passar uma semana em casa, criamos o "amigo balde". Pintamos uma carinha nele e ela o carregava para todo lado. Lembro de Julia chegando na sala para assistir TV e colocando, do lado dela no sofá, o "amigo balde". Até hoje ela vai de seis em seis meses fazer exames, mas agora está em remissão. Durante muitos anos tivemos de correr com ela para o hospital a cada pequena febre que aparecia – e isso era um tormento para ela. O pior é que acontecia geralmente de sexta-feira, e a ida ao pronto-socorro representava dois dias de internação, ou seja, o fim de semana todo.

Hoje todas as minhas filhas estão superbem, todas grandes, seguindo o próprio caminho. Fico feliz quando percebo que elas fazem boas escolhas e são pessoas incríveis. Quando me toco de que Raquel já tem quase 30 anos levo um susto! E os melhores momentos da vida são quando estamos as quatro juntas, cada uma com sua história, seu jeito e seu humor.

Sonia Francine Gaspar Marmo é mãe da bióloga Raquel (nascida em 1984) e da publicitária Sarah (1986), filhas do casamento com o bancário Roberto Azzari. Também é mãe de Julia (1997), fruto do casamento com o produtor Marcelo Terra. Começou a trabalhar muito cedo e foi, entre outras atividades, recepcionista, professora, apresentadora da MTV – trabalho pelo qual se tornou publicamente conhecida. Enveredou na política elegendo-se vereadora em São Paulo. Em 2012, candidatou-se à prefeitura da capital paulista. Na vida real, ela tem a mesma energia que deixa transparecer na vida pública e segue o conceito do budismo, que pratica religiosamente: "Faça pelo fazer em si e não pelos resultados".

Dezoito

Suely Pfeferman

Dezoito é um número cheio de significados na minha vida. Nasci dia 18 de junho, me casei em 18 de setembro, minha casa fica no número 181, e perdi um bebê para a Síndrome de Edwards, que provoca uma falha no cromossomo 18. Ele não sobreviveu a ela, mas nada acontece por acaso: se não tivesse acidentalmente engravidado aos 40 anos de idade, não perceberia que existia em mim esse imenso desejo de ser mãe. Por causa dele me tornei, seis anos mais tarde, mãe de Meir, que, como o nome diz, é a "luz da minha vida".

Nunca segui o modelo tradicional de "mãe de família". Sempre tive em mente que minha vida seria voltada para a profissão. Meu desejo era estudar, me especializar, viajar e ser uma mulher independente. Mulher profissional, era assim que eu me definia intimamente. Também não tinha o sonho de casar e isso só mudou porque Nelson apareceu na minha vida. Um cara que, como eu, era muito voltado para os estudos e isso me pareceu muito atraente. Tão atraente que o evitei por quatro meses, até que aceitei um convite para sair. Pensava em Nelson e dizia para mim mesma:

"Não posso me apaixonar por ele, porque esse cara vai arruinar meus planos!"

Depois o enrolei mais quatro anos: ele sabia que se tocasse na palavra "casamento" eu sairia correndo. Foi a partir de uma conversa com meu pai – com quem eu costumava virar madrugadas conversando – que decidi me casar. Apesar de ter vindo de uma pequena aldeia no interior da Polônia, ele era um homem muito moderno. Ele, e não minha mãe, uma mulher sempre forte e independente, entendia que o casamento não é necessariamente uma fórmula de felicidade para todas as mulheres. Até que, certa noite, ele me perguntou:

"Filha, você gosta do Nelson?"

"Claro, pai", eu respondi.

"E está esperando o quê?"

Entendi que ele tinha razão. Naquela noite, nós dois "decidimos" que eu me casaria, e Nelson foi devidamente "comunicado". Eu tinha então 26 anos, e ser mãe nem me passava pela cabeça, embora ele tivesse o desejo de formar uma família. Logo depois do casamento fomos viver cinco anos em Londres, onde fiz doutorado em Poesia do Holocausto. Eu estava nas nuvens! Depois voltamos, contra a minha vontade, para que ele começasse sua carreira no Brasil.

O tempo passou rápido. Levávamos uma vida gostosa de casal, sempre livres, independentes de horários. Às vezes nos encontrávamos em aeroportos porque tanto ele como eu viajávamos muito a trabalho. Quem não tem filho não tem horário, e quem não tem horário nem filho tem de cuidar dos pais. Assim, eu cuidava da minha mãe e ele, da mãe dele. Em outras palavras, nossas únicas preocupações estavam voltadas às nossas mães e à profissão.

Sempre gostei de crianças e fui uma supertia para os meus três sobrinhos, daquelas que adora levar para passear, pegar cinema juntos, ir ao parque. Mesmo com minha ligação forte com eles, eu não entendia a alegria das mulheres que engravidavam e muito menos a dor daquelas que não chegavam ao fim da gravidez. Pensava:

"Perdeu um? Ora, apresse-se para fazer outro!".

A maternidade era um território que eu desconhecia.

A surpresa veio quando já estávamos casados havia 15 anos. A partir de um período, comecei a passar mal. Durante quatro meses, tive náuseas horríveis e vomitei sem parar. Certo dia, passei mal quando estava com minha cunhada, que ficou preocupada e me levou para o pronto-socorro. A primeira pergunta óbvia do médico que me atendeu foi:

"A senhora está grávida?"

"Não! Estou casada há 15 anos, não existe essa possibilidade", respondi.

Fui então encaminhada para um endocrinologista. E ele:

"A senhora está grávida?".

"Nããããão!"

Ele me pediu uma ultrassonografia para investigar a minha suspeita de gastrite. A médica que fez o exame, a certa altura, me perguntou:

"Por que a senhora está aqui?".

Quando expliquei, ela virou o monitor do ultrassom na minha direção e disse:

"Veja sua gastrite com seus próprios olhos."

Havia um bebê na telinha do equipamento. Foi uma surpresa maravilhosa. Eu fiquei em um estado de felicidade que nunca havia sentido antes. Nelson ficou exultante. A gente simplesmente não "se cabia". Eu nunca havia sentido essa alegria intensa com a novidade dos outros e tinha uma compreensão nula sobre o assunto. E assim foi: instantaneamente eu entendi.

A partir daí, comecei a fazer os exames de praxe. A primeira consulta foi ótima e, na segunda, percebi que o médico estava muito hesitante. Eu já estava no quinto mês e meio de gravidez e o bebê tinha uma síndrome: uma falha no cromossomo 18. Pela primeira vez na minha vida, 18 não significava alegria, mas morte. De fato, o parto foi feito dali a um mês e o bebê já não estava vivo.

Nelson e eu passamos um ano chorando, sem poder tocar no assunto. Do nada havíamos ficado muito felizes, e de muito felizes nos tornamos extremamente tristes. Ninguém é capaz de imaginar o que eu sentia toda vez que alguém vinha me contar sobre uma nova gravidez ou o nascimento de um bebê. E não desejo para ninguém a sensação que tive quando saí do parto com as mãos abanando, enquanto via outras mães deixando o hospital com bebês no colo.

Até que, certo dia, sentei para conversar com Nelson e disse:

"Entendemos que queremos muito ter um filho, certo? Então, vamos lutar para que isso aconteça."

Em seguida começamos a consultar diversos médicos, escolhemos um e iniciamos uma maratona de exames, injeções, inseminações, fertilização *in vitro*. Era uma tortura esperar os 15 dias entre o processo de fertilização e o resultado do exame de gravidez. Nem contei quantas tentativas foram, e foram muitas. A certa altura, chamei Nelson novamente para conversar:

"Querido, acho que não vai rolar. Vou cuidar de mim."

E assim fiz. Comecei a ir a pé para o trabalho, a fazer musculação, e em dois meses perdi 15 quilos. Continuamos tentando os tratamentos, mas para minha própria saúde mental eu deixei de focar no assunto. Até que certo dia eu estava caminhando de volta para casa e vi que meu médico estava ligando no meu celular. Atendi e ele gritou do outro lado:

"Bingo!"

Quase desmaiei. Ali estava o nosso bebezinho. Dali em diante, eu entrei em tal estado de graça... Parecia que eu emitia uma luz, e ela saía diretamente da minha barriga. Olhava a reação dos outros em volta e não entendia: não era possível que ninguém estivesse vendo aquele facho de luz! Nunca, nunca poderia imaginar que eu, a mulher profissional e independente, colocaria tudo em segundo plano por causa de um bebê. A barriga custou a aparecer, só por volta dos seis meses. Na época, eu trabalhava em uma escola religiosa judaica e meu chefe direto era um rabino. Não imaginei que ele veria esse assunto com bons olhos e me surpreendi: ele me disse que essa gravidez provava, mais uma vez, a existência de Deus. Eu concordei.

Queríamos fazer ultrassom todos os dias. Morríamos de saudades daquela imagem. Quando Meir nasceu, eu tinha acabado de completar 46 anos e Nelson estava prestes a fazer 48. Eu não estava com a menor pressa de passar pelo parto. Não tive nenhum sintoma típico de gravidez e pela primeira vez na vida eu me achei bonita, o que nunca me passou pela cabeça antes. Quando ele nasceu e o colocaram perto de mim, senti um amor tão instantâneo, algo que, sei que é bobagem minha, não creio que nenhuma outra mulher jamais sentiu. Eu só chorava e chorava. Nelson, que é muito contido, não chorou, mas eu via nos olhos dele o que esse filho representava. Dessa vez, saí do hospital com o meu bebê no colo. Era a joia mais valiosa do mundo. Até parece um sentimento de posse, mas não: eu estava me sentindo premiada pelo resto da vida. Com o número de "nãos" que havia recebido antes, é impossível descrever a sensação.

Meir ocupou um lugar que nem havia em nossa casa. Eu, que sempre fui muito ordeira, transformei minha sala em um parque de diversões. Queria tudo à vista e o queria o dia inteiro perto de mim. Tudo que é nosso é dele, e tudo está sob seu domínio, os objetos e os espaços. Amamos essa sensação. No judaísmo, dizemos que uma das missões de toda mulher é ter um filho. Se eu não tivesse Meir, teria de "voltar" para fazer um. Mas ele nasceu, e fomos tomados por ele.

Ele quebrou todos os nossos protocolos. Da vida sem filhos, sem rotina e sem horário, tudo virou do avesso. Cada pequeno cuidado era curtido. Trocar fralda, vesti-lo, passear com ele na rua. Meir nasceu com os olhos abertos e o olhar dele, sempre dentro do meu, me toca especialmente. Ele tem olhos sorridentes, com uma luz muito própria. Dizem que pais mais velhos não têm paciência, o que aqui não é verdade. Nós já trabalhamos muito, viajamos muito, curtimos muito a dois. Agora ele é o centro de nossa vida. Foi muito marcante o momento em que decidimos que era hora de ele interagir com o mundo e o colocamos em um berçário. Lembro nitidamente da minha sensação, do lado de fora, de vazio nos meus braços. Voltei para dizer algo para a coordenadora:

"Vocês não têm de se preocupar tanto com a adaptação dos filhos, mas com a das mães."

Simplesmente não sabia o que fazer sem ele nos meus braços.

Foi com a existência de Meir que aprendi a de fato vibrar com os acontecimentos. Ele, que por natureza curte cada momento, me contagia e me mostra a mágica de cada coisa. Ele se sente bem em qualquer lugar, o que é um aprendizado importantíssimo para nós, que sempre fomos muito reservados. A gente diz para as crianças que os pais sabem tudo, mas no íntimo sabemos que isso é uma mentira. Entre a gente, é Meir quem nos propõe novas experiências.

Também aprendi a acreditar que há, de fato, milagres por trás de tudo que acontece, muito embora faça parte de nossa natureza esperar a "abertura do Mar Vermelho" para acreditar na existência de uma força maior. Como em uma velha piada judaica, na qual um homem está desesperado para encontrar uma vaga no estacionamento e pede:

"Meu Deus, por favor, estou com pressa e preciso encontrar uma vaga agora!".

Em seguida, ele encontra um lugar, estaciona o carro e completa:

"Deus, não precisa mais, já encontrei."

Meir quebrou o protocolo e acabou com a hegemonia do número 18 do casal: nasceu em 6 de julho de 2008. Depois de anos lecionando em diversas escolas, Suely Pfeferman hoje se dedica à atividade de tradutora juramentada de hebraico. Nelson Kagan continua sua carreira acadêmica e é professor titular de Engenharia Elétrica da Escola Politécnica da Universidade de São Paulo (Poli-USP).

Viva a diferença!

Tufi Duek

Carina e Sharon me ensinaram que é impossível lidar com pessoas diferentes de uma mesma maneira. Com elas entendi que cada filho é um ser único e com personalidade própria – e minha maior responsabilidade como pai é aceitar cada uma como é. Esse foi um aprendizado valioso que, inclusive, influenciou também minhas relações pessoais e profissionais.

Minhas filhas sempre demonstraram claramente suas diferenças. Carina é três anos mais velha que Sharon, nunca teve problemas na escola e sempre acordou cedo. Já a caçula enrolava na cama toda manhã e levei muito tempo até entender que seu desempenho na escola melhoraria se eu simplesmente mudasse seus horários. Dito e feito: depois que começou a estudar à tarde, Sharon ficou mais feliz e tranquila. E eu aprendi a não exigir o mesmo comportamento ou as mesmas notas das duas, porque cada uma tinha suas afinidades. De repente, nada ficou mais natural do que uma preferir matemática e a outra, história.

Com suas diferenças, elas também me obrigaram a me tornar mais flexível, pois a postura de cada uma diante da vida exigiu atitudes diferentes de mim como pai. Se digo apenas bom-dia, Carina não se aborrece. Já Sharon, se chateia, e ela precisa de uma saudação efusiva, festiva, com beijo e abraço. Carina resolve tudo na conversa e tem um jeito muito adulto de fazer suas colocações. Sharon decide os impasses na base do afeto. Carina é mais decidida e mais teimosa também. Sharon é mais apegada, exige mais atenção e, muitas vezes, o diálogo tem de ser substituído por um "Eu te amo".

Olhando para tantas diferenças, só há uma conclusão: um jeito de ser não é pior ou melhor do que o outro e cada uma me dá aquilo que preciso receber. Se elas fossem iguais, talvez eu tivesse menos trabalho. Em contrapartida, não aprenderia a lidar com a diversidade e a respeitar cada uma do jeito que é. Como posso querer que Sharon seja menos carinhosa ou Carina menos responsável?

Com elas também aprendi a ser mais observador, pois, como espelhos, elas me mostraram que recebo aquilo que dou: se sou briguento ou sou carinhoso, o troco vem na mesma moeda. Entendi que não posso exigir aquilo que os outros não podem me dar, nem oferecer afeto a quem não deseja recebê-lo. Elas me ensinaram a ter inteligência nesse tipo de troca.

Eu me casei cedo e fui pai aos 23. A primeira lição que aprendi foi corresponder ao valor que elas me deram, pois, ao me transformarem em herói, quis ser digno do título. Conforme foram crescendo, percebi que não adiantava ficar nervoso quando elas me contestavam. Afinal, eu as encorajei a ter personalidade e a questionar. Descobri com minhas filhas esse amor sem dúvidas, que não se troca nem se perde.

Ser pai também me conduziu à responsabilidade e passei a pensar no futuro, a impor limites, a analisar até que ponto poderia me intrometer sem ser invasivo. Aceitei que a vida delas não é a minha, mas que posso ser um exemplo, alguém de quem possam se orgulhar. Acho que consegui ser para elas o que esperavam que eu fosse, e elas me seguiram, até profissionalmente. Fico feliz em perceber que sou um modelo para Carina e Sharon. Afinal, tudo o que fiz, que sou e que conquistei, foi por elas, as maiores obras da minha vida.

Tufi Duek, empresário e estilista, tem duas filhas com a também estilista Nídia Duek, com quem foi casado de 1978 a 1998: Carina Duek (nascida em 1979) e Sharon Duek (nascida em 1982). Ambas seguem, profissionalmente, os passos dos pais. Fluminense de Nilópolis, Duek se mudou aos seis anos de idade para São Paulo, aprendeu a costurar sozinho e desde os 13 anos faz as próprias roupas. Em 1975, criou o Grupo TF com o dinheiro da venda de um carro usado e transformou a Forum numa grife respeitada e desejada. Em março de 2008, vendeu ao Grupo AMC Têxtil suas quatro marcas: Triton, Forum, Forum Tufi Duek e Tufi Duek.

Filha, posso namorar?

Valdemar Jorge

Meu processo de separação não foi lá muito comum. Na audiência de divórcio, o juiz perguntava insistentemente para minha ex-mulher se ela havia sido coagida a deixar os filhos comigo. Claro que não: fomos casados por 17 anos e ela decidiu sair de casa para se casar novamente. Foi um acordo amigável e fazia sentido as crianças ficarem comigo. Afinal, ela estava começando uma nova vida e eu precisava deles por perto para me reestruturar emocionalmente.

Sozinho com eles, mergulhei em um mundo desconhecido. A princípio, fiquei apreensivo à beça: como conduziria autonomamente a casa e a vida de meus três filhos de uma hora para a outra? Tive de aprender a me conectar aos meninos, que estavam com 11, 14 e 17 anos, de uma forma como nunca havia feito antes.

Fiquei um ano sem vida própria, voltado totalmente para eles. Tinha vários empregos, mas passava o dia pensando nas crianças. Será que Natália já chegou em casa? Será que Daniel lembrou de tudo o que tinha de fazer? Juliana ainda não me ligou, será que está tudo bem? Achei que enlouqueceria. Depois da semana de trabalho, usava os fins de semana para resolver pendências da casa. Nos cafés da manhã, que meus filhos chamavam de "hora da tortura", tentava equacionar o dia e solucionar assuntos diversos.

"Pô, pai, a gente mal acorda e já tem de ficar resolvendo pepinos?", eu ouvia.

"Paciência, essa é a hora que tenho."

Nesse primeiro ano de separação, nem me passava pela cabeça me envolver com alguém. Simplesmente não havia tempo. Mesmo nos anos seguintes, a primeira coisa que eu dizia para alguém que se interessava por mim era:

"Não sou casado, mas também não sou livre. Você precisa saber que tenho três filhos que moram comigo e, no momento em que qualquer um deles me telefona, saio correndo, pois eles são minha prioridade."

Além disso, tinha um fantasma morando na minha cabeça: se a mãe saiu de casa, eles poderiam pensar que eu também sairia se encontrasse outro amor. Levei muito tempo para conversar sobre isso com Juliana, a mais nova – e ela me ensinou que a conversa é o melhor caminho. Falei para ela, cheio de dedos:

"Ju, o que você e seus irmãos achariam se algum dia eu trouxesse uma namorada para casa?"

"Ah, pai, se você gostar mesmo da moça, claro que vamos gostar também."

Ufa! Então seria assim tranquilo? Aparentemente sim.

Lembro que levei dois meses para tomar coragem e contar a notícia da minha separação para meus pais. Durante esse período, aparecia sempre sem minha ex-esposa, e a cada vez tinha uma desculpa diferente para dar. Até que um dia eles insistiram bastante nas perguntas. Desvencilhei-me de todas.

Mas daí, na hora de ir embora, caminhei até o carro e voltei atrás: eu precisava contar. Retornei para a casa deles resoluto.

"Não estamos mais juntos."

Todo mundo surpreso. E perguntaram:

"E as crianças, com quem ficarão?"

"Comigo."

Pronto, alívio geral – ou ao menos para mim.

Aos poucos, com a ajuda dos meus filhos, a casa foi se organizando. Não havia ainda telefone celular, então nossa comunicação era na base dos bilhetinhos na geladeira: fui ali, fui lá, volto nesse horário. Eles me achavam meio autoritário, porque eu era chato – queria saber onde estavam, com quem e em que horário voltariam. Quando alguém saía do combinado, eu ligava desesperadamente para todas as mães, procurando notícias. Pouco tempo depois, eles me ligavam bravos.

"Pô, pai, a cidade inteira está atrás de nós!"

"Da próxima vez me ligue quando mudarem os planos, ora." A estratégia funcionava.

Meu papel na vida mudara completamente. A mãe estava presente, principalmente quando algum deles ficava doente. Mãe é que sabe que remédio tomar, o que fazer... mas o cotidiano era todo comigo. Consegui ter mais clareza do que sentia em uma viagem que fizemos de carro para Arraial d'Ajuda, na Bahia. Lá pegamos um barco e nos afastamos da costa para mergulhar. Todos entraram na água, mas eu não: achei que não devia. E se eu morresse? E se viesse uma tempestade? Eu precisava ficar alerta no barco para garantir a segurança deles, caso precisassem de mim. Finalmente entendi os medos que passei a ter depois da separação. Eu no barco, eles no mar, e essa era a representação perfeita do que estava acontecendo comigo.

No trabalho, todos entendiam a minha situação, e todos também conheciam Selma, a empregada doméstica que me ajudou por anos. Era uma mulher simples, do Piauí, que sempre discava o número do telefone do meu trabalho errado e a ligação caía na presidência da empresa. Centenas de vezes eu estava ali, na minha sala, e a secretária do presidente me ligava:

"Dema, a Selma."

Essa mulher marcou a nossa história. Na primeira vez que eu trouxe uma namorada para dormir em casa, ela se irritou:

"Se uma mulher entra, é hora de a outra sair!"

Até o dia em que ela se apaixonou e foi embora. Mudou-se com o noivo para o Piauí e me pediu para depositar sua indenização quando já estivesse lá. Um dia chego em casa e recebo o recado de um telefonema dela, em que pedia que eu fizesse o depósito em uma conta do Banco do Brasil e que ligasse para determinado número avisando que a transferência havia sido feita. Então liguei lá, tentando ser discreto porque ia falar sobre envio de dinheiro.

"Dá para chamar a Selma?"

"Por quê, o senhor tem uma mensagem?"

"Sim, pode chamá-la?"

"Passe a mensagem e passo para ela. Selma não está aqui."

"Então diga a ela que liguei avisando que fiz o depósito no Banco do Brasil. O senhor dá o recado?"

"Claro. Fique um momento na linha."

Então ouvi, estupefato:

"Alô, povo de Simplício Mendes. O recado é para Selma: o dinheiro do Banco do Brasil chegou!"

Nem sabia que isso ainda existia no Brasil, mas lá estava o locutor da rádio noticiando para a cidade inteira a mensagem para Selma.

O tempo passou sem que eu percebesse e um dia chegou a hora de meus filhos ganharem independência. Senti os medos e as dores que todo pai e mãe sentem quando os filhos começam o seu processo de desenvolvimento, mas me lembrei da lição aprendida: a melhor saída é dialogar e colocar os problemas claramente na mesa. O tempo todo eu perguntava para eles se estava fazendo certo, e tudo indicava que sim. Natália havia se tornado minha fonte oficial de informação sobre tudo o que acontecia na casa. Com ela fui conversar quando me toquei de que, por exemplo, Juliana estava entrando na puberdade.

"O que a gente tem de fazer quando vem a primeira menstruação, filha? A gente comemora com uma festa?"

Bom, claro que não precisava de festa, e claro que só fui avisado de que havia acontecido dez dias depois. Essas são coisas que um homem não sabe. E nunca saberá – a menos que pergunte.

Valdemar Jorge, o Dema, é escritor, diretor e produtor de TV. Tem três filhos: Daniel (nascido em 1977), Natália (nascida em 1980) e Juliana (nascida em 1983), além de dois netos. É autor do livro *Com a espada e a viola na mão*, sobre a vida de Inezita Barroso. Formou-se em Direito na Faculdade de Direito da Universidade de São Paulo, no Largo São Francisco, um sonho de seu pai que ele realizou, e também em Rádio e TV, pela Escola de Comunicação e Artes da Universidade de São Paulo (ECA-USP). Trabalhou por muitos anos na TV Cultura, onde dirigiu programas infantis como *Bambalalão* e *Curumim*, foi repórter e editor do programa *Panorama* e chefe dos programas musicais *Ensaio*, de Fernando Faro, e *Bem Brasil*, de André Barbosa. Para "pagar a escola dos filhos em dia", foi professor na ECA-USP, na Universidade Paulista (Unip) e na Faculdade Oswaldo Cruz.